인생의 성공을
결정짓는
킬러본능

인생의 성공을 결정짓는 킬러본능

Killer Instinct

••• 정해윤 지음

킬러로 살아남기

'킬러본능'은 스포츠 심리학에서 사용하는 용어로서 승부의 순간에 강한 '위대한 승부사들의 기질'을 뜻하는 말이다. 우리나라에서는 전 국가대표 축구감독인 히딩크에 의해 알려지게 되었는데 2002년 월드컵을 지낸 후 일반인들에게도 널리 알려지게 되었다.

이 책에서 이야기하고자 하는 '킬러본능'에 대해 이해를 구하기 위해 '킬러본능'이라는 용어가 처음 사용된 스포츠에 대한 설명이 부연되지 않을 수 없다. 누구나 알고 있듯이 스포츠

의 세계는 승패가 너무나도 극명하게 드러나는 분야다. 누군가
는 이기고 누군가는 지는, 승리의 자리를 뺏고 뺏기는 제로섬
게임이다.

이러한 극한 경쟁관계는 스포츠 선수들이 자신의 능력을 극
대화 시켜 승리를 향해 질주할 수 있는 근성의 발현을 가져 왔
고 이것은 곧 '킬러본능' 으로 정리되었다. 사실 스포츠에서 등
장한 최고의 선수들, 시대가 낳은 승부사들의 근성은 다른 분야
의 사람들에게도 많은 영향을 끼쳤다. 이에 킬러본능은 분명 스
포츠 심리학에서 출발했지만 스포츠를 넘어서 많은 분야, 특히
나 경쟁관계 속에 살아가는 이 시대의 현내인들에게 꼭 필요한
요소가 되었다.

이 책에서는 킬러본능을 이해하고 킬러로 살아남은 자들의
기본적 소양을 아래와 같이 설명하고자 한다.

첫째, 이 사회 킬러들은 일생에 걸쳐 시기에 따라 각기 다른
성공전략과 모델을 가졌다.
일반적으로 스포츠맨들이 선수생활을 거쳐 지도자가 되듯

이, 사람의 일생은 두 개의 장으로 구분될 수 있다. 그런데 이런 시기별로 각기 다른 전략을 구사하지 않고, 단일한 모델로 성공을 쟁취할 수 있다고 생각하는 것은 대단히 위험한 발상이다.

화려한 스타플레이어로서 선수생활을 보냈던 인물이 지도자로서는 성공하지 못하는 사례에서 살펴보듯이 우리 주변에서는 각각의 위치와 자리에서 요구하는 역할에 적응하지 못해 실패하는 경우를 쉽게 접할 수 있다. 많은 사람들이 이를 인식하지 못하고 변화의 때를 놓치거나 변화 자체를 인식하지 못한 채 시간을 보낸다. 이때 가장 중요한 것은 그에 맞는 역할모델을 인식하고 집중하는 자세를 갖는 것이다.

사실 '킬러본능' 은 바로 그라운드에서 땀 흘리고 뒹구는 선수들의 단계, 인생의 전반전에서 절대적으로 필요한 근성이다. 선수의 단계에서는 스타플레이어로서 빛을 발하는 데 집중해야 한다. 이것은 많은 선수들을 챙겨야 하는 인생의 후반전, 지도자의 단계에서 필요한 덕목과는 큰 차이가 있다.

둘째, 킬러본능은 찰나의 순간에 승리를 결정하는 강한 집중력을 필요로 한다.

그러나 한 인간이 하나의 목표를 선택하고 그에 집중한다는 것은 필연적으로 다른 인간관계와 여타의 희생을 치르는 것을 의미하기도 한다. 여기에서 희생이라 함은 비단 개인의 시간이나 돈을 의미하지는 않는다. 무수한 사회관계 속에서 사람은 타인에 대한 배려와 애정을 표현해야만 원만한 관계를 유지할 수 있다. 이 사회에서 그러한 심적 이해들을 포기하는 일은 그리 쉬운 일이 아니지만 킬러본능의 발현을 위해서는 어쩔 수 없는 경우가 생긴다.

결과적으로 자신의 승리를 타인의 배려와 맞바꾸는 모험수가 되기도 한다. 그러나 냉정히 세상을 바라볼 때 생활태도는 반듯하지만 골대 앞에서 슈팅감각은 형편없는 선수, 도덕적으로 청렴하시만 미래에 대한 비전이 없는 지도자, 애사심은 높지만 실적이 낮은 세일즈맨, 이런 사람들에게 우리는 동정심을 전할 수는 있지만 이들과 생계를 같이 하고 생사를 의논하고픈 생각은 없을 것이다.

킬러들은 바로 자신들이 속한 분야에서 본질적인 부분에 모든 것을 쏟아 붓는 사람들이며 그를 위해 부수적인 부분은 기꺼이 희생할 각오가 되어 있는 사람들이다.

셋째, 킬러본능의 소유자는 개인의 잠재력을 억압하려는 사회 이념과 시스템에 대해 강하게 저항할 수 있는 에너지를 갖는다.

가끔 스포츠 신문을 보면 축구국가대표 스트라이커에게 골 욕심을 부린다고 점잖게 나무라는 기사들이 실린다. 그러나 슛을 날릴 때마다 골을 넣는 선수가 어디에 있으며 수많은 슈팅을 시도하지 않고 득점하는 스트라이커가 어디에 있겠는가.

이러한 '집단의 평화를 위해서 모험수를 두지 마라' 식의 이야기는 집단주의적인 사고로 개인의 역량을 제한하는 것에 지나지 않는다. 그리고 사실 이러한 사고가 걸출한 스트라이커가 출현하지 못하도록 억압하는 요인이 되기도 했다. 많은 사람들이 사회적 비난을 이겨내지 못해 킬러로서 성장하지 못하는 비운을 맞았다.

이쯤해서 우리는 그간 우리가 당연시해왔던 도덕률, 문화적 전통, 사회적 합의 같은 것들이 개인의 성장을 제한하고 무한한 가능성을 제약하는 요소가 되지 않았는가 고민해보지 않을 수 없다. 그런 의미에서 킬러본능은 집단주의적 사고에서 탈피, 개인의 가능성을 펼칠 수 있는 용기라고 말할 수 있을 것이다.

킬러본능은 인류역사에서 결코 낯선 새로운 발견은 아니다.

매머드를 사냥하던 인류의 조상들에게는 건강한 킬러본능이 내재되어 있었다. 그들은 '겁 없음'과 '무모함'으로 인해 턱없이 작은 체구와 거칠고 조악하기 짝이 없는 도구만으로도 먹이 피라미드 구조의 정점을 차지할 수 있었다.

현재의 인간이 이러한 생존본능을 잃어가는 것은 인간이 만든 문명 그 자체일지도 모른다는 하나의 회의에서 이 책은 시작되었다. 오늘날 스포츠 심리학이 발견해 낸 승자의 심리는 바로 이런 싱싱한 원시성의 회복이라고 해도 과언이 아니다.

분명히 우리 모두에게는 식욕과 성욕처럼 우리의 생존을 위해 작동하는 힘의 원천인 '킬러본능'이 남아 있다. 이 책을 통해 자신의 내부에 잠재된 킬러로서의 본능을 일깨우고 탁월한 승부사와 킬러로 살아남을 수 있는 방법들을 찾아나가길 바란다.

$\mathcal{P}_{art}$ 1

킬러들이여 성공을 가로막는
네 안의 장애물을 걷어내라

Part 2

꼰대들의 세상 - 킬러를 죽이는 사회

Part 3

킬러들이 선택한 8가지 역할모델

Killer Instinct

Part 4
인생의 후반기, 킬러를 넘어 리더로

킬러들이여

성공을 가로막는 네 안의 장애물을 걷어내라

역할모델의 진실 그리고 거짓

당신은 혹시 영화 「트루먼 쇼」의 주인공처럼 어떤 짜여진 각본에 의해 당신의 삶이 흘러가고 있다고 생각해본 적이 있는가? 어떠한 거대 조직이 당신의 삶이 온통 비극적인 것으로 가득 차게 만들 음모를 꾸미고 있다면? 그리고 당신을 제외한 이 세상의 모든 사람들이 철저하게 한통속이 되어 그것을 즐기고 있다면?

현실로 돌아와 당신의 삶에 대해서 생각해보자. 당신은 어린시절 아마 세상에 태어나 어떤 것이든 할 수 있는 꿈 많은 아이였을 것이고 꿈꾸는 청년이었을 것이다. 그때 가졌던 거대한 꿈과 아름다운 이상……. 하지만 현재 당신은 나이든 3류 배우처럼 어느새 인생의 조연과 하잘 것 없는 단역을 자연스레 받아들이고 있지는 않은가? 어떻게 이렇게 모든 것이 아무렇지 않게 사그라들 수가 있는가?

혹시 이 모든 것을 가능하게 한, 당신의 인생을 송두리째 빼앗아간 거대 조직이 있다고 생각해본 적은 없는가? 당신이 거대 조직의 음모에 이미 완전히 길들여져 음모의 존재조차 인식하고 있지 못하다면 어떠한가?

언제까지나 일개미의 역할만 떠맡아 왔으면서도 아직 이 세상이 꾸미고 있는 음모를 눈치 채지 못한 사람이라면 지금부터 내 이야기에 귀 기울이기 바란다. 나는 세상을 움직이는 보이지 않는 거대 조직 '빅 브라더'가 당신의 삶에 실행중인 시나리오를 하나씩 제시하고자 한다.

이 모든 이야기에서 '기존의 모든 것들을 의심하는 것'은 필수적인 요소다. 세상에서 느끼는 당연함을 거부하고 하나 하나 인과관계를 살피고 모순을 파헤치는 것이 진실에 접근하는 유일한 방법임을 명심해야 한다.

1막 1장 역할모델을 의심하라

인간이 만든 도시의 한가운데는 늘 누구에게나 존경받는 이의 동상이 한 개쯤 자리를 차지하고 있다. 때때로 정권이 바뀌어 동상의 주인공이 바뀌는 경우는 있지만, 우상을 향한 사람들의 숭배는 좀처럼 식지 않는다. 고분고분히도 동상을 숭배하고 그 동상이 나타내고자 하는 인물처럼 살고자 한다.

또 한 가지, 인간이 만든 '돈'의 한가운데에는 누군가의 초상화가 그려져 있다. 사람들은 철 든 이후 돈을 좇는 생활을 계속 하면서 그 주인공들에 대해 어느덧 존경심을 갖게 되고 급기야 돈 속의 인물을 사모하는 마음까지 갖게 된다. 어쩌면 당신 또한 도시 한가운데 장엄히 서 있는 동상과 매일매일 우리의 손 아래에서 우리를 쳐다보는 지폐속 인물을 존경하는 사람 가운데 하나였을지도 모르겠다.

그러한 당신에게 하나의 정보를 주고자 한다. 일상을 둘러싸고 우리에게 삶의 지평을 열어줄 것 같은 역할모델의 설정은 사실은 빅 브라더가 사람들을 현혹하는 가장 전형적인 수법이다.

인문학에서는 말하는 '미메시스'라는 용어를 생각해보자.

미메시스는 자신이 존경하는 역할모델이 존재할 경우 무의식적으로 그렇게 닮아가는 현상을 뜻한다. 동상과 초상화의 존재는 인간이 이러한 역할모델의 기능을 이미 오래 전부터 알고 있었음을 의미한다. 그리고 이러한 동경 현상은 스스로를 자신의 역할모델과 동일한 사고, 행동패턴으로 바꾸어 나가는 신경언어프로그래밍 이론에서 모델링 기법으로 발전되기도 했다.

빅 브라더는 초상화와 동상을 통해 사람들에게 자연스럽게 "너의 역할모델처럼 살아라"라고 이야기 한다. 문제는 이러한 역할모델의 설정이 얼핏 보면 일반인의 가치에 타당한 도덕적 관점에서 이뤄진 것으로 보이지만 사실은 빅 브라더의 '보편적 인간 만들기'에 의한 '킬러 죽이기'의 음모를 포함하고 있다는 것이다.

우리가 알고 있는 동상의 대상들은 우리가 흔히 어린시절부터 보아왔던 위인전의 주인공인 경우가 대부분이다. 이들은 당신이 느끼건 느끼지 못하건 간에 지금 당신의 행동과 판단에 많은 영향력을 끼치고 있다. 당신이 정치인에게 비난을 가하고, 부자를 욕할 때 당신의 논리적 근거는 당신이 숭상해온 역할모델들이 당신이 보고 있는 정치인이나 부자처럼 살지 않았다는 데 있다.

이순신 : 일본 침략군에 맞서 영웅적 전과를 남겼으나, 53세에 적의 유탄에 맞아 사망.

안중근 : 일본 침략의 원흉 이토 히로부미 암살 후 31세에 사형.

유관순 : 어린 여학생의 몸으로 3·1운동 주도 후 일본 형사들에 의한 고문으로 18세에 옥사.

링컨 : 흑인노예의 자유해방을 선포하고 남북전쟁을 승리로 이끌었으나 56세에 피살.

이들은 당신이 존경해 마지않는 사람들이다. 교과서와 위인전, 동상을 통해서 끊임없이 당신에게 삶의 지평을 제공하는 이들이다.

그러나 여기서 다시 몇 가지 의문을 가져보자. 당신은 당신이 어린시절 읽어 온 위인전의 인물처럼 살고 있다고 생각하지는 않은가? 당신의 지난 삶이 역사를 바꾸고 목숨을 내걸 만큼 영웅적이었던 그들과 같다고 생각하지는 않는가?

그리하여 당신은 때때로 당신의 위인들을 억압했던 위정자들과 무책임한 정치모리배들의 껍데기를 현재의 정치가나 사업가에게 씌워 그들을 비난하진 않았는가? 당신은 당신의 영웅들이 그랬을 법한 억울함과 정의감을 느끼며 세상에 대해 수없는 분노를 터뜨리지는 않았는가.

　그러나 좀 더 이성적으로 현실을 바라보자. 현재의 당신은 임진왜란이나 일제치하, 인종차별의 부당한 시절에 살고 있지 않다. 현재의 당신은 평화의 날 속에서 개인의 안위와 가족의 평화를 최우선가치로 삼고 있다. 시대의 부당함에 맞서 싸웠던 위인들이 가졌던 세상에 대한 불만과 불의는 어쩌면 당신의 몫이 아닌지도 모른다.

우리는 누구를 좇아 살아야 하는가?

　그새 적잖은 세월이 흘러 당신은 아이를 둔 부모가 되었을지도 모른다. 세상은 많이 바뀌어서 요즘 아이들은 보다 다양한 인물들의 삶을 보고 배우게 되었으니 다행이라고 생각할 지도 모른다. 위인전에 이름을 올린 사람들 중에 한국사회의 민주화를 위해, 이 사회의 평등을 위해 노력한 인물들이 눈에 들어오니 당신은 당신이 받은 교육과는 다른 세상에서 아이들을 키울 수 있게 되어 마음을 놓을지도 모르겠다.

　자, 그러면 이번엔 이렇게 생각해보자. 위인전은 어떤 형태로든 독자들의 판단과 행동에 영향을 미치게 된다는 것을 분명히 명심하라. 아래의 인물들은 최근에 새롭게 추가된 어린이용 위인전의 주인공들이다. 당신은 정말로 사랑하는 자녀들이 아래의 인물들과 같은 삶을 살기를 원하는가?

> 전태일 : 22세에 근로기준법 준수를 주장하며 분신 자살.
>
> 장준하 : 항일, 반독재 운동에 앞장서다 57세에 의문사.
>
> 체 게바라 : 남미혁명운동 중 39세에 볼리비아 정부군에 의해 사살.
>
> 마틴 루터 킹 : 1960년대 미국 흑인민권운동의 기수로 활약하다 39세에 암살.

위인전의 주요 축을 형성하고 있는 인물들은 바로 위와 같은 순교자형 인물들이다. 사회변혁을 위해 젊음을 바치고 인생을 바치고 목숨을 바친 사람들이다. 물론 자신의 신념을 위해 목숨을 바치는 이들을 가볍게 여기는 이는 아무도 없다. 그러한 인생이 값지지 않다고 말하는 이도 없다. 다만 우리의 시대가 이들을 요구하고 있는가? 우리의 시대가 아직도 80년대처럼 자신의 삶을 송두리째 내놓고 신념을 위해 사는 이들을 영웅으로 생각하고 있는가의 문제이다.

솔직히 당신의 마음은 현재 '10년 동안 10억을 벌고 싶다'
고 소망하고 있을지도 모른다. 세상과 무관하게 자신의 삶을
개척해 성공하길 바라고 있을지 모른다. 그러나 당신이 받은
교육, 당신의 자식들이 받을 교육은 '사회 정의를 위해 스스로
를 희생하라' '돈으로부터 정신적으로 자유로운 자만이 세상
의 존경을 받는다' 라고 가르치고 있다. 당신의 사고와 행동은
어린시절 교육받은 역할모델들처럼 희생과 비극을 향해 나아
가고 있는지도 모른다. 차가운 한기를 느꼈다면 당신은 빅브라
더의 음모에 눈을 떠가는 것이다.

빅브라더의 음모 깨기 – 위인전 뒤집어 보기

그러면 이번엔 동상과 위인전의 다른 면인 '진실성' 에 대해
서 언급해보자. 위인전의 기능을 분명히 인식하라고 하는 것은
반드시 역할모델들이 비극적인 삶을 살았기 때문에 이를 경계
해야 한다고 하는 말은 아니다. 그들이 자신들의 신념에 따라
죽음을 선택했다는 것이 큰 문제는 아니다. 그리고 우리는 그
들의 삶을 기억하여야 할 의무도 있다. 문제는 위인전이 지극

히 편향적인 시각에서 제대로 된 정보를 전해주지 않는다는 데 있다.

위인전들의 줄거리는 대부분 '어린시절부터 뭔가 남다른 면모를 보이더니 끝내 흉내 낼 수 없는 탁월한 성취를 이루었다.'는 신화구조를 닮아 있다. 어쩌면 그들이 태어나던 날 밤하늘엔 거대한 별이 떠 있고, 먼 대륙에서 그를 경배하러 몇 명의 귀한 손님들이 찾아왔을지도 모른다. 어린시절부터 남과 비교할 때 탁월하고 두드러진 성향을 보였고 젊은 시절엔 상상할 수 없이 혹독한 난관들을 헤쳐 온 그들이 결국엔 장군이 되고, 대통령이 되어 한점 부끄럼 없는 삶을 살았다고 이야기한다. 그러나 사실이 그러했는가?

마하트마 간디 : 그는 전형적인 양면성의 인물이다. 비폭력 무저항 운동을 실천한 성인으로 기억되고 있지만, 가족들에게 더 없이 비정했고 한 평생 강렬한 성욕과 금욕주의 사이에서 갈등한 흔적을 곳곳에 남겼다. 노년에 이르러서 자신의 추종자들에 대해 고압적이었고, 나체의 젊은 여성을 옆에 두고 잠을 자길 좋아했던 인물이었다.

에이브러험 링컨 : 그는 탁월한 전략가였고 정치인이었다. 이것은

그가 노예해방이라는 이미지에 부합하는 인권의식의 소유자는 아니었다는 얘기다. 그는 스스로 노예해방에는 관심이 없으며 미국 연방의 존속에만 관심이 있다고 말했다. 남부 유권자들을 의식해 흑인들에 대한 멸시 발언도 서슴지 않았는데, 현대 미국이라면 정치적으로 완전히 매장당할 수준의 발언이었다. 그가 노예해방을 선언한 것은 남북전쟁이 터지고도 꽤 오랜 시간이 지난 후였는데, 이 또한 외세의 개입을 막고 북부군의 역량결집을 위한 정치적 승부수에 불과했다.

존 F 케네디 : 아일랜드계의 가톨릭 신도라는 약점을 극복하고 미국의 대통령이 되었다. 워낙 젊은 대통령이었고 쿠바 미사일 위기를 극복한 강력한 신념의 지도자로 기억되지만, 또한 강력한 정욕의 소유자였음도 사후에 여지없이 드러났다. 마릴린 먼로와의 스캔들은 빙산의 일각일 뿐, 암살되지 않고 임기를 다 채웠더라면 빌 클린턴은 발끝에도 미치지 못했을 것이다.

위의 예들은 위인들의 인간적인 단점들을 찾아 그들의 약점을 들추자고 꺼낸 이야기가 아니다. 다만 우리가 위인들에게 갖고 있는 절대적인 신뢰, 절대적인 복종, 절대적인 존경심을 이제는 깨야 한다는 것이 이 글의 요지이다. 한 인물에 대한 근거 없는 과대평가는 당신을 한없이 왜소하게 만들고, 반대로 다른 인물들에 대한 턱없는 폄하는 자신에게 도덕적 자만심만을 키우게 만든다. 결국 당신은 이러한 오해와 편견으로 인해 인생의 좌표를 잃고 헤매게 될 것이다.

이제 우리는 「트루먼 쇼」의 주인공이 이 세상의 음모에 맞서 자신의 삶을 찾아 떠난 것처럼, 아주 낯설고 두렵지만 우리 자신의 삶을 찾아 떠나는 여행을 함께 하게 될 것이다. 그리고 그것은 역사적 위인들과 자본주의 시대의 성공모델을 정확히 파악하는 데서부터 첫걸음을 시작하게 될 것이다.

인생의 전반부를 달리는 킬러들

스크루지는 수전노로 생을 마감했을까?

당신은 찰스 디킨스의 소설 「크리스마스 캐럴」의 주인공, 스크루지 영감을 알고 있을 것이다. 오늘날 사람들은 대다수의 수전노들에게 크리스마스 이브날 스크루지가 보았던 미래가 그들에게 펼쳐질 것이라고 엄포를 놓는다. 그러나 스크루지가 정말 수전노로 생을 마감했을까?

물론 스크루지는 인생의 상당부분을 수전노로 살았다. 그러나 이 소설의 스토리가 크리스마스 날 아침에서 끝난다고 해서 당신의 상상력도 거기서 멈춰버리면 곤란하다. 아마도 스크루지의 후일담을 들어보았다면 당신의 생각은 많이 바뀌었을 것이다. 수전노의 비참한 죽음을 깨달은 스크루지는 많은 재산을 사회에 환원하고, 자신의 것을 남들과 나누며 오래오래 행복하게 살았을지도 모른다. 따라서 그가 살던 도시 어느 한곳에는 그의 동상이 건립되었을지도 모른다. 그리고 그는 저승에서 한때 자신의 동업자들과는 다른 방, 즉 천국으로 안내되어 축복받은 부자로 생을 마감했을지도 모른다.

여기서 우리는 오늘날 스크루지의 삶을 재해석할 필요가 있다. 스크루지는 인생의 전반부를 치열하게 현실의 문제에만 몰두하며 살았던 인물이었다. 그 어떤 인간관계나 형이상학적 문제보다 오로지 실질적이고 구체적인 자산의 증식에만 정력을 쏟았다. 물론 그는 주변 사람들에게 냉정하고 인정 없는 속물이라는 평을 들었을 것이다.

하지만 소설이 멈추는 노년의 어느 해 크리스마스를 기점으로 스크루지는 전혀 다른 삶을 살기 시작한다. 그는 자선가로 탈바꿈하기 시작했다. 우리가 여기서 주목해야 할 것은 그가 삶의 마지막 순간에 구원을 받는 인물이라는 것이다. 인생의 전반기를 남들의 손가락질을 받으며 수전노로 살았던 그이지만 결국에는 세상을 위해 자신의 부를 나누어주고 덕을 쌓게 되었다.

그러나 많은 사람들은 스크루지의 인생을 역할모델로 인정하지 않는다. 애초부터 나누어주고 인정을 베풀며 살 것이지 애써 수전노가 될 필요가 뭐가 있는가라고 반문한다. 그러나 여기에 빅 브라더의 음모가 있다. 생각해보라. 자선을 베풀고 사람들과 오순도순 살면서 부를 축적해가는 사람들 중에 10억을 쾌척하고 100억을 내놓고 1,000억을 기증할 사람이 어디 있겠는가. 그들은 이미 너무 많이 나누어주었고 너무 가진 것이 없다. 어떻게든 돈을 모아야만 세상에 내놓을 것도 있는 것이다.

돈을 벌기 위해 어느 정도 절제를 가하고 타인에게 비판의 목소리를 듣는 것은 자기 자본을 형성하는 단계에서는 불가피한 부분이다. 그러나 사람들은 그러한 스크루지형 인간을 인정하지 않는다. 심지어 그렇게 살면 안 된다며 욕을 하고 비난한다. 더욱 모순적인 점은 정작 그렇게 스크루지를 욕했던 사람들이 차후에 스크루지의 자선에 손을 내미는 첫 번째 인간이 되고 만다는 것이다. 우리는 부자를 비난하고 비판하는 소인배의 위치에서 벗어나지 못하고, 근거도 없는 험한 소리로 부자의 약점만 들추고 살아가는 인생으로부터 한발짝도 벗어나지 못하고 있는 것이다.

카네기식 분배법을 익혀라

미국의 철강왕 앤드류 카네기는 현대의 성공학에 있어서 대단히 중요한 위치를 차지하고 있는 인물이다. 그는 스코틀랜드 출신으로 어린시절 미국으로 건너와 아메리칸 드림의 전형적 삶을 살았다. 그리고 무엇보다도 부자로서 행복한 삶을 사는 것과 사회적 존경을 받는 두 가지 일이 가능한 것임을 현실세계에서 입증해 보였다. 존경받는 부자로서의 삶, 그것이 가능했던 비결에 대해 그는 한 문장으로 간략하게 설명했다.

"기업가의 일생은 부를 쌓는 시기와 부를 사회에 환원하는 시기로 나뉜다."

부자로서 죽는 것은 부끄러운 일이라며 끊임없이 사회에 재산을 환원했던 그가 한 말의 요지는 인생을 두 부분으로 나누라는 것이었다.

이보다 더 강력한 '킬러규칙' 이 있겠는가. 부를 쌓는 시기와 부를 환원하는 시기를 구분하는 것, 그에 합당하게 인생을 살아가는 것. 이것이 바로 우리가 인생을 설계할 때 놓쳐서는 안 되는 포인트이다.

사람들이 일반적으로 교회에 십일조를 내거나 국가에 세금을 내듯이, 조금씩 꾸준히 부를 환원하는 것이 아니라, 철저하게 부를 축적하는 시기와 그것을 온전히 환원하는 시기로 자신의 인생을 구분하라. 이 구분법에 따라 자신의 역할을 설정하고 실천하라. 이것이 카네기식 인생방법이며 분배법이다.

이 말에 언뜻 공감하지 못하는 이가 있다면 우리가 아는 카네기 인생의 다른 부분을 엿보는 것도 좋은 예가 될 것이다. 우리를 포함한 후대의 사람들은 부를 나눠주던 시기의 카네기를 그의 전부로 기억한다. 물론 미국 전역에 도서관을 건립하고 사람들에게 지식의 중요성을 설파할 당시의 카네기는 스크루지와는 정말 다른 사람이다. 그러나 젊은 날에도 카네기가 그렇게 '좋은 사람' 이었는지 소수의 사람만이 기억하는 역사의 한 장을 거들떠보자.

미국의 산업화가 진행될 때 혜성처럼 나타나 미국 자본주의를 완성했던 앤드류 카네기, 존 데이빗슨 록펠러, 존 피어몬트 모건 이들 3인의 젊은 시절에는 공통점이 하나 있다. 당시 그들은 백만장자가 아니었다. 끊임없이 새로운 기회를 꿈꾸는 야망에 찬 젊은이이었을 뿐이다. 그리고 그들 모두 1861년 남북전쟁이 터졌을 때 병역을 회피했다.

또 산업화 시기의 영웅들에게는 공통된 돈벌이 방법이 있었다. 즉, 트러스트라는 이름으로 독점을 시도했다는 것이다.

트러스트는 록펠러의 오일 트러스트가 특히 유명하지만 앤드류 카네기도 이에 못지않았다. 카네기가 57세 되던 해에 세계 최대의 철강 트러스트로 군림하기까지 그야말로 모든 수단과 방법이 동원되었다. 그에게 철강왕이라는 수식어가 따라붙는 것은 바로 업계 내에서 그의 위치가 전제군주와 같은 독점 권력을 누리고 있었기 때문이다.

또 하나 기억해야 할 것은 그들의 노조에 관한 가혹한 탄압이다. 앤드류 카네기는 자신의 자서전에서 마치 젊은 날부터 노동자들에 대해 깊은 애정을 가지고 있었던 것처럼 기술하고 있지만 실제 그가 자신의 신념을 실천한 것은 결국 경제계에서 은퇴한 이후의 일이었다. 특히 우리에게 포드 자동차의 창업주로 유명한 헨리 포드는 우리가 알고 있는 명성과는 달리 한국식 '구사대'를 적극적으로 활용했던 인물이다. 그는 수많은 전문 경영인을 내쫓고 이 구사대 책임자를 자신의 자식보다도 더 신임했던 인물이었다.

우리나라 대학생들을 대상으로 가장 존경하는 기업인을 묻는 조사에서 앤드류 카네기는 항상 상위권에 랭크돼 있는데 이 땅의 젊은이들이 이 사실을 알고도 그를 존경받는 기업인으로 선정했을지는 의문이다.

이러한 근거들을 앞에 놓고 이들의 젊은 날이 '스크루지' 와 다르지 않다는 데 이견을 달 사람이 얼마나 될까? 그들이 어느 날 개과천선해서 사회복지와 휴머니즘의 구현을 위해 노력했던 일은 거짓이 아닐 것이다. 그러나 그들에게는 개과천선보다 더 엄격한 자기 가치관이 있었다. 그것은 앞서 카네기가 언급한 것처럼 '벌 때와 쓸 때' 를 엄연하게 구분했다는 것이다.

사실 조금만 생각해보면 스크루지 패턴이라는 것은 우리에게 결코 낯선 것이 아니다. 우리 속담에 "개처럼 벌어서 정승처럼 써라" 는 말이 있다. 아마 조상들도 돈이 정승처럼 행동해서는 벌어질 수 없다는 것을 알고 있었던 모양이다.

우리들은 부자로 살아보지도 못한 채 가난하게 죽음을 맞는 일에 익숙해져 가고 있다. 카네기의 말처럼 부자로서 죽는 것이 부끄러울 수도 있다. 하지만 부자로 살아보지도 못한 채 가난하게 죽는 것또한 자랑스러운 것은 못된다.

킬러규칙 1

안정보다 변화를 추구하라

킬러를 거치지 않은 리더가 있는가?

－자기계발 이론의 함정

역으로 성공학의 주류로 성장한 자기계발, 처세 코너의 미국식 Self-Help 이론은 그 뿌리를 전통적인 청교도 교회에 두고 있다. 이것은 왜 수많은 성공이론들이 천편일률적일수 밖에 없는지에 대해서도 힌트를 준다.

사실 20세기 들어 데일 카네기나 나폴레온 힐과 같은 성공학의 이론가들이 등장하기 전에 미국 사회의 성공에 대한 동기

부여는 거의 목사들의 몫이었다. 자기계발서들은 "돈 벌자" "성실하게 살자" "성공하자"라는 천편일률적인 동기부여를 거듭 강조해 왔다. 수많은 자기계발서들이 '~하라'라는 식의 제목을 유지하는 것도 아마 목사들의 설교투가 남아 있기 때문인지도 모른다.

실제로 '평생을 부자가 되는 방법'을 강의하며 일생을 보낸 러셀 콘웰 목사는 스스로도 많은 부를 축적했다. 물론 존경의 축복도 함께 받았다.

러셀 콘웰 같은 청교도 목사들은 대체로 부와 성공에 대해 긍정적 마인드를 심어주려 노력했는데 이것은 '부를 악의 씨앗' 정도로 해석했던 기존의 종교 지도자들과 확연히 구분되는 부분이다. 사족을 붙이자면 부와 부자에 대한 긍정적인 사고를 강조했던 청교도야말로 오늘날 미국식 자본주의의 어머니가 아닌가 생각될 정도이다.

그러나 자본주의의 발전을 가져온 그들의 설교에도 작은 문제가 있었다. 바로 청교도 목사들이 성직자라는 자신의 한계를 벗어나지 못했던 것이다. 그들이 제 아무리 부자로 성공하는 것을 강조한다고 해도 그들의 결론은 항상 예수님의 말씀으로 귀결될 수밖에 없었다.

그래서 프로테스탄트 목사들의 이론은 '성공하는 법'보다는 '성공에 이른 자가 행해야 할 선행'에 초점이 맞춰져 있었다. 그들은 사회에서 안정된 지위를 얻고 부를 나누며 킬러들을 성장시키는 '리더' 만이 인생에서 성공한 사람이라고 설명할 뿐, 리더가 되기 위해 거쳐야 할 킬러의 단계, 즉 스크루지의 전반부와 같은 삶은 누락시키고 말았다.

그 결과 성공한 자들의 넉넉한 이야기는 이제 막 세상에 눈을 뜨고 돈에 눈을 뜨고 세상에서 뛰어난 인재로 자라나고픈 킬러들에게 뜬 구름 잡는 자기계발 이론을 던져주어 그들의 갈 길마저 흐릿하게 하는 결과를 낳았다. 그들의 이론을 받아 작성한 자기계발서들은 이미 충분히 선량한 보통사람에게 더 큰 사회적 봉사와 기여를 강요하고 있을 뿐이다. 그리고 그렇게 정의와 성실을 실천하다보면 언젠가는 정의로운 하나님이 보상을 해준다는 식이다.

이제 자기계발서의 한계를 직시했다면 당신에게 필요한 이야기가 무엇인지도 알 것이다. 리더가 되기에 앞서 킬러로 변모해야 할 당신, 기존의 모든 권위를 의심하고 아무도 걸어가지 않은 길을 찾아 나설 당신에게 필요한 것은 킬러로서 본능적으로 세상과 맞써 싸울 용기이다. 더불어 바로 킬러로서 인생을 살아가야 한다는 지침이다.

킬러를 죽이는 대한민국의 문화

우리사회에는 애늙은이들을 양산하는 유교적 전통이 있다. 이것이 종종 자기가 인생의 성장과정에서 어떤 단계에 있는지, 그리고 자신에게 필요한 덕목이 무엇인지를 헛갈리게 하는 이유가 되기도 한다.

단지 결혼을 하고 가정을 꾸렸다는 이유로, 혹은 나이가 불혹을 넘어섰다는 이유로 자기가 처한 위치보다 더 근엄하고, 베푸는 단계로 접어들어야 한다고 생각하는 사람들이 많다. 그런 사람들을 위해 참고로 앞서의 앤드류 카네기가 스크루지와 같은 인생의 전반기를 몇 살 때까지 지속했는지를 살펴보자.

앤드류 카네기는 자서전에서 링컨 대통령의 암살사건을 겪은 후 큰 깨달음을 얻은 것처럼 기록하고 있다. 영웅의 죽음 앞에서 그는 부귀영화만을 위해 살았던 자기 인생의 덧없음을 깨달은 듯한 투였다. 그러나 실제로 당시 서른 살의 청년 카네기의 결심은 비즈니스의 세계에 몸담고 있는 동안은 철저히 비즈니스에서 승부를 본다는 것이었다. 1892년 그가 57세가 되던 해 카네기 철강회사를 출범시키며 철강왕의 칭호를 수여받았지만, 그 이전에 그는 이미 젊은 사업가로서 승승장구를 거듭해 오고 있었다.

그러던 그가 66세가 되던, 1901년 모든 주식을 처분하고 인생의 새로운 후반기를 살기 시작한다. 역사가 기억하는 화려한 기부자로서의 삶이 이때부터 시작한 것이었다. 아마도 많은 사람들이 그의 전반기 삶에 대해서 잘 기록하지 않는 것은 이러한 극적인 변화가 몹시 혼란스러웠기 때문일 것이다.

앞서 살펴본 성공한 부자들은 남들보다 인생의 후반기를 늦게 맞았고, 인생의 후반기에 들어서는 기존의 삶의 방식과 180도 다른 인생을 살기 시작했다. '선택과 집중'을 버리고 '베풂과 나눔'으로 사회에서 덕과 명성을 획득해 간 것이다.

세계적인 미래 경영학자 피터 드러커는 평균수명이 길어지고 라이프 사이클이 변화된 미래세계에 적응하기 위해서 인생의 후반부를 준비하라고 충고하고 있다. 더 이상 자식에게 기대서 나머지 인생을 보낼 수 없으리란 것은 누구나 알고 있다.

고로 인생의 후반부를 결정하는 것은 자식이나 배후자가 아니라 자신이 보낸 인생의 전반부임을 다시 한번 각인할 필요가 있다. 당신이 만일 적당히 사람 좋다는 평가를 받고 이쪽저쪽으로 두루 원만한 관계를 유지해 왔다면, 그로서 그저 사람 좋은 이로만 기억된다면 당신을 기다리는 인생의 후반부는 아마도 또 다른 생업의 길이 될 것이다. 연금만으로는 생활하기가 쉽지 않아 턱없이 낮아진 몸값으로라도 생산 활동에 참여해야 하는 삶 말이다.

하지만 당신이 인생의 전반부에 실질적이고 생산적인 것에만 관심을 기울였다면, 주위의 눈치보다 킬러로서의 본능에 충실했다면 인생의 후반부는 앞서 얻지 못한 풍요와 명성으로 한껏 편안해질 것이다. 자신의 안위는 물론이고 이웃과 사회를 위해서 더 많이 기여하고 존경받는, 사회의 어른이 될 수 있을 것이다.

다시 원래의 이야기로 돌아가보자. 우리나라의 유교문화는 당신 인생의 후반기에 당신이 해야 할 것들을 인생의 전반기에서도 행하길 강요하는 하나의 덫과 같다. 당신 또한 너무 일찍부터 나누고 베풀고 사람들에게 덕을 쌓고 좋은 사람으로 평가되길 바란다. 그래서 정작 당신이 당신의 안위와 사회의 평화를 위해 무언가 내놓으려 할 때 당신은 빈손으로 남게 된다. 킬러들이여 너무 일찍 인생 후반전을 시작하지 마라. 인생의 후반부는 60세에 시작해도 결코 늦지 않다. 당신이 인생에서 너무 일찍 철들어 버리면 당신의 몸은 청춘과 함께 했던 노동을 평생 짊어지고 가야 할 것이다.

싸움은 이기자고 하는 것이다

브루스 리의 무술철학

히딩크 전 감독은 결정적인 순간 한방을 터뜨리는 골 결정력을 가진 선수의 필요성을 언급하며 킬러본능이라는 용어를 사용한 바 있다. 물론 히딩크를 통해 한국에 상륙한 '킬러본능'의 개념은 오늘날 스포츠 심리학에서 광범위하게 사용되고 있다.

필자는 킬러본능의 어원이 축구가 아닌 격투기에 있음을 알고 놀란 적이 있다. 격투기의 장구한 역사 속에서 킬러본능을 최초로 강조한 인물은 전설적인 액션스타 브루스 리(이소룡)였다. 브루스 리는 우리사회에서 할리우드를 제패한 액션스타로 알려져 있지만 세계사에서 그는 "20세기 무술사에서 전통과 현대의 조화를 시도한 위대한 인물"로 기록돼 있다. 그를 노란 체육복을 입은 액션스타정도로 기억한다면 이러한 평가가 과대망상으로 여겨질 수도 있지만, 그의 무술을 상세히 뜯어보면 '킬러본능'이 바로 그의 삶의 철학이었다는 것을 쉽게 알 수 있다.

킬러본능의 참 의미를 이해하기 위해 브루스 리의 짧은 인생을 잠시 살펴보기로 하자. 십대 후반까지 홍콩에서 생활하던 시절 브루스 리는 불량소년이었다. 그는 선천적으로 대단히 다혈질적인 기질을 타고 났던 모양인데, 실용적인 싸움기술을 찾아 이 도장, 저 도장을 기웃거렸다.

열여덟 살에 실용주의 정신이 지배하는 젊은 대륙 아메리카에 도착한 그는 대학에서 철학을 전공하며 이른 나이에 자신의 도장을 열었다. 그리고는 중국민족에게만 전수되던 무술의 폐쇄성을 깨는 데 앞장섰다. 인종을 가리지 않고 제자로 받아들여 무술의 코스모폴리타니즘을 실천했던 것이다.

그는 그 와중에도 끊임없이 변화를 추구하여 중국전통무술

과 서양의 복싱, 한국과 일본의 여러 무술을 혼합한 절권도라
는 자신만의 무술을 창시하기에 이른다. 절권도는 그야말로 퓨
전 무술이었으며, 그 이전의 전통무술의 정수만을 혼합한 실용
적 격투술이었다. 그때 제자들을 가르치면서 절권도 철학의 정
수처럼 강조한 것이 바로 '킬러본능'이다.

그는 왜 제자들에게 전통적인 무사정신이 아닌 '킬러의 본
능'을 강조했던 것일까?

싸우기 위해 싸우는 무사정신
VS 이기기 위해 싸우는 킬러본능

킬러본능은 여러 가지 면에서 전통적인 무사정신과 차이를
보인다. 브루스 리는 일찍이 동양 전통무술의 한계를 실감하고
있었다. 무술의 본질을 격투의 와중에 상대방을 제압할 수 있
는 능력이라고 파악했던 그는 전통적인 동양무술이 많은 문제
를 안고 있다고 생각했다. 전통을 극복하기 위해 그가 주목한
것은 두 가지였다.

첫째, 전통적인 동양무술은 형식에 치우친 단점이 있다는 것을 간파했다. 무술은 전쟁이 이어지던 전국시대의 종결과 총기의 발명 등으로 인해 그 실용적인 생명이 다해 있었다. 어쩔 수 없이 무술은 민족의 전통문화 혹은 건강체조 등으로 전락할 수밖에 없었고, 브루스 리는 문화적 명목으로 살아남은 전통무술에서 킬러의 활력을 찾기란 어려운 일임을 알고 있었다.

10대 후반부터 미국에서 성장한 브루스 리는 전통무술을 문화적 유산으로서의 가치와 인격도야의 수단으로서 인정한다고 해도 무술의 본질적인 기능을 갖추지 못한다면 싸움에 있어서는 아무 소용이 없다고 선언했다. 이후 생명력을 잃어 고목처럼 말라가는 전통에 반기를 들고 무용과 같은 정적인 수련을 없애고 복싱 글러브를 착용한 실전적 스파링을 도입했다.

이어서 전통적인 수련방식 대신 철저하게 승부에 집착하는 본질을 추구했다. DNA 구석구석까지 강한 승리의 집념으로 프로그래밍 되는 것, 강인한 킬러본능을 일깨우고 증진시키는 것이 인격수련과 전통의 학습보다도 우선되어야 한다고 주장했다.

둘째, 브루스 리는 상대방을 이기기 위해서는 보다 높은 목표를 지향해야 한다고 생각했다.

격파시범을 보이는 무술인들 사이에는 "벽돌 밑을 보고 때려라"는 격언이 전해진다. 초심자들은 벽돌이나 기왓장을 격파할 때 당장 눈에 보이는 그 표면을 부수기 위해 주먹을 내지르지만 밑바닥에 깔려 있는 마지막 목표물까지 격파하기 위해서는 물체의 바닥 밑에까지 힘을 통과시킬 수 있어야 한다는 뜻이다. 덧붙여 설명하자면 목표 달성을 위해서는 목표점의 깊이를 가늠하고 다가올 저항을 뚫고 나가야 하는데 이를 위해서 무엇보다 팔을 내지르는 자에게 '목표를 관통하고자 하는 힘'이 있어야 한다. 물론 이러한 힘은 격파물의 가장 밑바닥을 의식하고 목표화했을 때만이 가능한 것이다.

마찬가지로 브루스 리는 승리하기 위해서는 단순히 싸우려 링 위에 올라서는 것만으로는 부족하다고 생각했다. 스스로가 '한수 배우겠다' 라거나 '지지 않겠다' 는 수동적 자세를 갖는 것은 벽돌의 표면을 향해 주먹을 내지르는 것과 같은 방식이라고 보았다. 승리란 적을 간파하고 '상대를 쓰러뜨리겠다' 는 보다 적극적이고 공격적인 정신상태에서 얻어진다고 생각했던 것이다.

그는 자신의 출세작이었던 영화 「정무문」에서 거구의 러시아 레슬러에게 꼼짝없이 제압을 당한 순간, 이빨로 물어뜯으며 위기를 모면하는 모습을 보여준다. 이러한 행동은 전통적인 무협영화의 히어로에게서는 상상도 할 수 없는 모습이었다. 그러나 얼핏 무례하고 무도한 일처럼 비칠 수 있는 '입으로 물어뜯기'는 목표를 향해 거침없이 나아가는 킬러의 입장에서 본다면 본능에 충실한 모습이라고 할 수 있다. 승리를 눈앞에 두고 자신이 가진 수단과 방법을 동원하는 폭발력이야말로 킬러의 본질인 것이다.

이같이 전통에 반기를 들고 오로지 실질적이고 실용적인 것만을 추구했던 브루스 리의 무술철학이야말로 킬러본능의 핵심이라고 할 수 있다.

규칙은 깨라고 있는 것이다

깨뜨려라, 그러면 얻을 것이다

세계 어느 문명권에서나 킬러들에 대해 억압적인 문화가 존재한다. 그러한 원인들에 대해 뒤에서 구체적으로 제시할 테지만 아마도 킬러들이 이 세상에서 그토록 억압받고 핍박받는 가장 큰 이유는 바로 그들이 기존의 규칙을 깨뜨리는 사람들이기 때문일 것이다.

'규칙을 깨는 것', 이것은 전통적인 동기부여 이론에서 제시하는 리더의 자질과 상충되는 면모이기도 하다. 전통적인 자기계발서에서 강조하는 리더는 스스로 룰을 만들고 그것과 하나가 되어 가는 사람을 말하지만 이 책에서 킬러는 기존의 규칙을 깨뜨리며 화려하게 세상에 등장하는 사람들을 일컫는다. 전통적인 리더는 부를 나누는 한량이지만 현대의 킬러는 부를 생성하는 도전자로서 이들의 대립구조는 어쩔 수 없는 측면이 있다.

이 세상의 리더들에게 정석으로 통하는 구약성경 속의 주인공들을 보면 리더라기보다는 킬러에 가까운 탁월한 승부사들이 적잖게 등장한다. 모든 역사가 그렇듯이 성공한 반란은 그 자체로서 영웅적 자질로 인정받게 되고 혁명이라 이름 지워진다. 이 때문에 그들의 킬러적 면모가 리더적 면모로 잘못 해석되기도 하지만 엄밀히 말하면 성경 속 영웅들은 규칙을 따르는 리더보다는 규칙을 깨는 킬러에 더 가깝다.

일례로 다윗은 규칙을 깨뜨리고 스스로 리더의 자리에 오른 전형적인 킬러라 할 수 있다.

다윗은 골리앗을 꺾은 후 이스라엘 군대의 총 지휘자에 오르게 된다. 그의 밑에는 만형 엘리압과 같은 백전노장들도 포함되어 있었는데 그 모두를 지휘하는 지휘자의 자리에 올랐을 때 그의 나이는 겨우 이십대 초반에 불과했다. 아마도 보통 사회 같았으면 이런 초특급 승진만으로도 수많은 적들이 생겼을

터인데, 성경은 전형적인 영웅담 구조로 다윗이 단 한 사람을 제외한 모든 이들로부터 존경받았다고 기록하고 있다.

그 한 사람의 예외는 바로 사울 왕이었다. 사울 왕에게는 요나단이라는 적자가 있었다. 적어도 다윗이 등장하기 전까지 아무도 그의 후계승계를 의심하지 않았다. 요나단은 유능한 군사 지휘자였고 아버지 사울에 비해 훨씬 큰 그릇이었다. 그는 이스라엘 백성들로부터도 신망 받는 차기 대권주자였던 것이다. 그런데 다윗이라는 불청객이 느닷없이 얼굴을 들이민 것이다.

사울은 자신에게 주어진 역할을 충실히 수행했다. 그것은 바로 전통과 규칙을 지키는 자로서의 역할이었다. 사울은 백성들의 민심을 선동하는 다윗을 대장군에서 천부장으로 강등시켰다. 그리고 직접 다윗을 죽이기 위해 세 번이나 창을 던지기도 했다. 결국 다윗과 사울의 투쟁은 장기전으로 접어들게 되고 오늘날 우리가 알고 있듯이 최후의 승리는 다윗의 몫이 된다.

규칙파괴의 대가

역사적으로 초거대 재벌에게는 다윗과 같은 비슷한 패턴이 발견된다. 기존의 방식을 깨기 위해 부단히 투쟁하고 결국 승리한 기업인들이 바로 그들이다.

1998년 미국 법무부가 마이크로소프트사를 반독점법 위반 혐의로 기소하기로 결정했을 때 많은 사람들은 록펠러를 떠올렸다. 때마침 그 무렵 미국에서는 기업가 록펠러의 전기가 출간되던 해였고 젊은 나이에 정보화 시대의 최고 거부가 된 빌 게이츠와 산업화 시대의 최고 거부 록펠러 사이에서 어떤 공통점을 발견해보고자 하는 의도들이 많았다.

물론 역사는 그들이 가장 부유한 사람들이라는 공통점만을 크게 기록하고 있다. 그러나 이면을 들여다보면 그들에게는 혁명적인 변화의 시기에 '독점' 이라는 방식을 통해 돈을 벌었다는 공통점이 있다.

대부분의 사람들은 빅 브라더가 정해놓은 일정 선을 넘어설 만한 의지를 갖지 못한다. 세상이 정해놓은 바른 길을 벗어나면 인생의 나락으로 떨어지리라는 것을 교육을 통해서 익히 알고 있다. 그러므로 그저 바른 길만 밟아가며 선량하고 가난한 자로 살아간다. 그러면서 선을 벗어나 부자가 된 사람들에 대해서 맹렬한 비난을 늘어놓는다.

그러나 한 왕조가 멸망할 무렵 수많은 영웅호걸들이 등장하는 것과 같이 록펠러나 빌 게이츠 같은 거부들은 항상 사회의 변혁기에 탄생하게 된다. 그들은 시대의 흐름을 누구보다 빨리 읽고 세상의 가장 취약한 점을 먼저 공격한다.

또한 규칙이란 사람이 만든 것에 불과하다고 생각하고 남이 가지 않은 길에 선뜻 발을 내딛는다. 다소 비난을 받더라도 개의치 않는다. 세상은 규칙을 가장 먼저 깨뜨린 자들이 가장 유리한 고지를 차지하게 되어 있음을 그들은 너무 잘 알고 있기 때문이다. 목표가 확실한 그들에게 킬러본능이 살아 있는 한 세상의 규칙은 극복해야 할 과제 정도로밖에 보이지 않았던 것이다. 이로서 규칙을 깬 이들은 시대의 킬러로 세대의 승자로 기록되었다.

킬러규칙 4

세상과 싸울 무기가 필요하다

다윗의 필살기, 돌팔매의 비밀

최근 한국사회에서 중년들의 명예퇴직이 사회문제시 되고 있다. 고도 성장기를 지나면서 실업이 사회전체의 큰 문제로 대두되었는데 세대에 따라 실업에 대한 문제인식과 처방이 다르게 이뤄져야 한다. 특히 중년의 명예퇴직과 실업문제는 청년실업과 같이 보호와 온정의 눈길로 보아 넘겨서는 안 되는 몇몇 문제점을 안고 있다.

충분한 교육기간을 거치고 사회경험을 쌓은 이들이 직장이라는 울타리가 없어진다고 해서 그토록 무능력해진다는 것은 그 자신에게도 적지 않은 책임이 있다. 왜냐하면 중년실업이야말로 경쟁사회에서 자신이 살아남을 수 있는 특출한 장기(長技) 하나도 길러내지 못한 안일함의 결과일 수 있기 때문이다.

우리는 인생의 궁극적인 성공이 한 분야의 특화된 장기에서부터 비롯된다는 사실을 인식할 필요가 있다. 킬러는 단 하나의 필살기로 수많은 경쟁자들을 물리치고 일어서는 존재인 것이다.

어린 양치기 다윗의 이야기를 해보자. 당시 어린 다윗이 블레셋의 대장군 골리앗을 꺾으리라고는 그 누구도 상상해본 적이 없었을 것이다. 골리앗은 거인이었을 뿐만 아니라 잘 훈련받은 군인이었다.

다윗이 나서기 전 골리앗과 싸웠던 이스라엘의 장수들은 어떤 이들이었을까. 아마도 그들은 나름대로 훌륭한 용사들이었을 것이다. 칼도 조금 쓸 줄 알고, 창도 다룰 줄 아는 그런 장수들 말이다. 그들은 블레셋과의 전쟁이 터지지 않았거나 골리앗과 같은 적장을 만나지 않았더라면 충분히 인정받는 직업군인으로 살아갔을 수도 있다. 다만 역사가 그러한 행운을 안겨주지 않았을 뿐이다. 그들은 골리앗 앞에 번번이 깨지는 패자의 역할을 맡아야 했다.

그렇다면 그렇게 이름 없이 사라진 이스라엘군과 다윗의 차이점은 무엇이었을까?

여러분이 알고 있듯 다윗은 훈련받은 군인이 아니었다. 그는 아버지를 대신해 양을 치는 양치기 소년에 불과했다. 어린 소년이었던 다윗이 남들과 달랐던 점은 아버지의 한 마리 양을 지키기 위해 사자나 곰과의 싸움을 마다하지 않았다는 것이다. 급기야 그는 언제 닥칠지 모르는 맹수들의 습격에 대비해 한 마리 양의 목숨을 지키기 위해 필사적으로 돌팔매질을 연마하기에 이른다. 당연히 소년 다윗은 여느 양치기들의 돌팔매와는 질적으로 다른 돌팔매를 구사하며 스페셜리스트로 성장하였다. 돌팔매라는 필살기의 탄생은 이렇게 필연적으로 이루어졌다.

그를 일개 양치기에서 이스라엘군을 이끄는 장수로 성장시킨 것이 비단 그의 돌팔매 하나라고 이야기할 수는 없을 것이다. 다만 승리를 쟁취하는 자에게는 그를 살릴 하나의 필살기와 그 필살기를 연마하는 노력이 필요하다는 것을 간과해서는 안 된다.

위기가 오기 전에 검술을 익혀야 한다

흔히 정규직장이 없는 사람을 가리켜 프리랜서라고 얘기하는데, 프리랜서란 원래 그런 뜻이 아니다. 어원을 따지자면 특정한 주군에게 몸이 묶이지 않은 채(free) 자신의 창술(lance)을 파는 낭인을 뜻한다. 이들에게 있어서 자신의 창술은 자신이 의존할 수 있는 유일한 수단이다. 그들이 생존하기 위해서는 봉토를 하사받고 정착한 기사들보다 더 탁월한 자신만의 능력을 가지고 있어야 한다.

우리는 흔히 스페셜리스트라고 하면 특정분야의 자격증을 소지한 사람으로 한정해서 생각하는 경향이 있다. 우리나라에서는 의과대학을 나와 전문의가 되거나 법학을 전공, 고시에 합격한 사람만을 스페셜리스트라고 생각하기 쉽다. 그러나 인류사에서 진정으로 위대한 성공을 일구어 낸 사람들은 이 세상이 만들어낸 자격증 따위에 규정되어지는 이들이 아니었다. 그들은 아무도 걸어가지 않은 길인 자신만의 지름길을 파악하고 있었던 사람들이었다.

혼자만의 독특한 주법을 완성해 낸 육상선수나 사소한 아이디어를 발명에 접목시킨 발명가처럼 자신의 분야에서 남다른 노하우를 가지고 있는 사람들, 그들이야말로 진정한 스페셜리스트로 살아남아 킬러본능을 보여준 산 증인들이라 할 것이다.

중년에 이르기까지 세상과 승부를 겨룰 필살기 하나를 준비하지 못해 허둥대는 것은 맹수가 달려들 때가 되어서야 검술을 연습하는 어리석은 목동과 같다. 인생의 전반기에서 꼭 챙겨야 할 것이 바로 맹수로부터 나를 보호할 필살기를 먼저 찾는 것이다.

킬러규칙 5

세상의 중심에 당신을 세워라

믿어라! 당신은 선택받은 사람이다

코페르니쿠스는 과학의 힘을 빌려 지동설을 주장하였다. 물론 그의 이론이 당대의 사람들에게 쉽게 받아들여지지는 않았지만 오늘날 정상적으로 교육받은 사람이라면 누구도 지구가 태양의 주위를 공전한다는 사실을 의심하지 않을 것이다.

그러나 소수의 사람들은 여전히 세상이 자신을 중심으로 돈다고 믿고 있다. 그들은 이 세상을 자신이 주연인 무대로 인식하며, 그들이 마주치는 모든 사람들은 자신들에게 찬사와 경의를 표할 존재들로 인식한다.

성경에서는 다윗을 믿음이 투철한 인간으로 묘사하고 있다. 믿음이 그에게 승리를 안겨주었다고 이른다. 그렇다면 다윗의 승리를 이끌어준 그 믿음은 어디서 온 것일까? 그것은 '내가 선택받았다'는 선민사상에 기인한다. 대수롭지 않은 양치기의 신분에서 왕의 위치에 오르기까지 숱한 고비마다 다윗을 지탱해준 것은 바로 그만의 강렬한 선민의식 때문이었다.

이 장에서는 세상이 나를 중심으로 돌고, 나는 세상을 이끌기 위해 선택받았다는 믿음에 대해서 이야기하고자 한다.

당신은 패배를 학습하고 있지 않은가?

영어에는 언더도그(UnderDog) 현상이란 것이 있다. 'underdog'를 영어사전에서 찾아보면 이렇게 적혀있다.

underdog [nddg|-dg] n.

1 싸움에 진 개; 질 것 같은 사람, 패배자

2 희생자 (사회적 부정, 박해 등의); 패자(opp. top dog)

언더도그 현상이란 싸움에 진 개는 투견장에 들어서기만 해도 꼬리를 늘어뜨리는 현상을 은어처럼 일컫는 말이다. 인간세계뿐만 아니라 동물들 세계에 있어서도 패배의 경험은 아주 깊은 흔적을 남긴다는 사실을 보여주는 사례라 할 수 있다.

그럼 여기서 언더도그를 극복한 한 명의 킬러를 소개해보도록 한다.

복서들의 세계에서는 자신이 한번 진 상대에게 다시 이긴다는 것은 거의 불가능하다는 것이 정설로 되어 있다. 미국사회에서 무하마드 알리가 위대한 복서로 존경받는 데는 복합적인 이유가 있다. 그가 흑인민권운동이 한창이던 시점에 챔피언 타이틀을 반납하며 미국사회 시민권의 확보를 위해 투쟁했다는 섬이 하나의 이유라면 다른 하나는 타이틀을 잃었다가 다시 되찾은 과정을 여러 번 거듭했다는 것이다.

이로써 알리는 양심과 용기를 겸비한 인물이자 스스로를 이겨낸 선수라는 별칭이 붙게 되었다. 그는 자신을 이겼던 상대에게 다시 승리를 쟁취해내는 아주 놀라운 성과를 보여주었던 것이다.

이것은 그가 상대했던 다른 선수들과 비교해보면 그 위대함이 명확히 드러난다. 조지 포먼은 한창 절정의 순간에 무하마드 알리를 만나 패배를 기록했고, 그 후 그가 다시 링에 돌아와 알리에게 진 패배의 기억을 잊고 챔피언 벨트를 되찾는 데는 무려 이십년 가까운 시간을 보내야 했다. 무하마드 알리는 언더도그 현상을 극복하기 위해 부단히 연습하고 싸웠을 것이다. 킬러본능의 살아 있는 전설이라고 할 만하다.

마지막으로 언더도그를 극복하는 일 없이 승리를 학습해, 자만하는 이가 어떤 패배를 맞게 되는가 이야기하지 않을 수없다. 천운의 도움으로 승리를 학습해온 일본군이 2차세계대전 말기에 보여준 모습은 승리의 학습이 얼마나 사람을 무모하게 하는지 보여주는 좋은 예가 될 것이다.

일본군은 2차세계대전 당시 일본이 역사상 겪은 몇몇 전쟁에서 계속 승리를 거듭하자, 이번에도 승리가 당연히 찾아오리라는 굳은 믿음을 가졌다. 실패라는 것을 모르기에 당연히 승리를 예견했고 급기야 가미카제식 육탄전술이라는 무모한 작전까지 저지르게 된다. 만일 그들이 페리 제독의 흑선이 나타났을 때 미리 패배를 경험했거나 그 이전에 몽고군에게 미리 패배를 경험했더라면 그런 무모한 전쟁은 벌이지 못했을 것이다. 반복된 승리의 경험이 무모한 실패를 낳는 결과가 되어버렸다.

이후 일본이 보여준 모습은 전형적인 언더도그의 모습이다. 한번의 실패로 그간의 경험이 무너지고 새로운 의식이 생기게 된 것이다. 전쟁이 끝난 후 점령군 사령관이었던 맥아더는 가미카제 공격까지 자행했던 일본인들의 강력한 저항을 걱정했지만 그들은 너무나도 온순한 피지배국민으로 돌변해 미국을 놀라게 했다. 그 후 일본은 비약적인 경제 성장을 이룩하고 군사적인 면에서도 강대국으로 다시 성장했지만 한번의 패배 경험을 통해 미국에 대해서만큼은 국력에 어울리지 않게 너무나 온순한 학생 같은 모습을 보여주고 있다. 한번의 실패가 남긴 상흔이 그대로 각인된 경우이다.

그러나 우리 속담에 "하룻강아지가 범 무서운 줄 모른다"는 얘기가 있다. 패배를 경험하지 못한 자는 패배를 무서워하지 않는다. 역시 성공을 경험하지 못한 자 또한 성공의 달콤함을 모를 것이다.

그러나 진정한 킬러는 성견이 되어서도 범을 무서워하지 않는 존재와 같다. 마지막 순간에 자신을 완전연소 시킬 수 있는 용기는 꾸준한 성공과 승리가 몸으로 학습된 상황에서 오는 법이다.

킬러들은 승리를 학습하고 패배를 극복하는 강한 정신력을

기르는 한편 세상이 자기를 중심으로 돌아간다는 강한 자신감
으로 스스로를 무장해야 할 것이다. 승리는 스스로 승리를 확
신하는 자에게만 다가오는 법이다.

킬러규칙 6

마음을 얻는 자가 세상을 얻는다

준비된 주인공들

앞서 킬러가 탁월한 스페셜리스트들이라고 이야기했다.

그러나 스페셜리스트와 비슷한 속성을 가졌으나 결코 시장의 지배자가 되지 못하는 이들이 있으니 바로 일본말로 '오다쿠(おたく)'라고 불리우는 이들이다. 얼핏 보기에 이들은 특정 분야에 대한 전문성과 창조적 활동의 커다란 자산을 획득한 이들처럼 보인다. 그러나 오다쿠는 성공과는 거리가 먼 위치에 있으니 그들이 시장 바깥에 존재하는 사람들이기 때문이다.

킬러는 시장 속에서 존재한다. 그리고 자신이 싸워 이길 수 있는 포지션을 정확하게 포착해 내는 탁월한 마케터들이다.

다윗은 이러한 시장의 속성을 정확하게 간파하고 있던 인물 중 하나였다. 그는 이스라엘 안에서 사울 왕을 제외한 모든 사람들의 마음을 훔치는 데 성공했다.

그의 초창기 일화를 보면 마치 우리나라 서동요의 일화를 연상시키는 부분이 있다. 다윗이 골리앗을 꺾고 대장군이 되었을 때, 이스라엘 백성들 사이에서는 이런 노래가 떠돌았다.

"사울이 죽인 자는 천천이요, 다윗은 만만이로다."

서동요의 프로듀서가 서동 자신이었듯이 이 다윗송 또한 자신의 작품이었을 가능성이 농후하다. 이 욕심 많은 젊은이가 시장의 지배자에게 탄압받는 것은 정해진 수순이었다.

다윗이 펼쳤던 마케팅의 효과는 그가 아둘람 굴에 피신해 있을 때부터 나타나기 시작했다. 그는 이때 최초의 충성도 높은 고객 400여 명을 얻게 된다. 그 중에는 일가친척뿐 아니라 사울에게서 마음이 떠난 사람들도 다수가 있었는데, 그는 이들 씨앗고객들을 잘 키워 훗날 다윗정권의 개국공신들로 만들어 나간다.

다윗은 사울의 탄압을 피해 도망 다니는 와중에서도 시장의 마음을 얻기 위해 무모한 투자를 아끼지 않았다. 그는 사울에게 노출될 것을 뻔히 알면서도 블레셋인들이 그일라 마을을 쳐들어 왔을 때 그들과 전쟁을 치러 패퇴시켰다. 이러한 그의 행동은 그 당시에는 심신을 더욱 힘들게 하였지만, 장기적으로는 그것이 옳았음이 증명되었다.

마침내 민심은 다윗에게 기울어 사울은 다윗의 손에 붙들리게 되었다. 이미 600여 명으로 늘어난 다윗의 부하들이 그를 죽이려들었다. 그러나 다윗은 그 순간까지도 멀리 내다보고 있었다. 그가 직접 사울을 죽이게 된다면 그는 정통성 없는 반역자로 인식될 위험이 있었다. 탁월한 마케터인 다윗이 그러한 상황을 계산하지 않을 리 없었다. 그는 사울 왕의 옷자락만을 베고 목숨을 살려줌으로써 백성들의 민심과 정통성 둘 다를 얻을 수 있었다.

오래된 논쟁이지만 시대가 인물을 낳는 것인지, 인물이 시대를 창조하는 것인지는 킬러들에 대해서도 그대로 적용된다. 킬러들이란 살모사 새끼들과 같아서 기존의 모든 것들을 파괴하고 등장하곤 한다. 그러나 그렇게 태어난 킬러가 곱게 성장하리란 보장은 할 수 없다. 문제는 새끼에서 어른으로 성장할 때까지 지속적으로 환경에 적응해 나가는 능력에 달려있다. 킬러들은 그러한 능력이 탁월하다는 공통점을 가지고 있다.

킬러는 시장의 흐름을 정확히 포착하는 사람으로 정의되기도 하고 자신에게 맞는 시장을 찾아가는 방향감각이 뛰어난 사람으로 정의되기도 하다. 어느 쪽이건 문제가 될 것은 없다. 분명한 것은 킬러들은 자신들의 무대를 정확히 알고 오른다는 것이다. 킬러는 준비된 주인공인 셈이다.

자발적 참여자가 되어라

자발적 참여자들

역사의 흐름은 종종 우연을 가장해서 발생하곤 한다. 다윗이라는 탁월한 킬러의 등장도 마치 드라마의 한 장면처럼 우연으로 포장되어 있다. 다윗은 골리앗과의 대결에 참여할 아무런 필연성을 갖추지 못했다. 그는 군인의 신분도 아니었고 한낱 나이 어린 양치기에 불과했다. 그가 전장에 나서게 된 것은 군대에 간 형들을 위해 아버지가 준비한 음식을 전달하기 위해서였다.

　당시 이스라엘군은 40여 일간 블레셋군과 대치하고 있었는데, 거인 골리앗의 존재로 인해 사기가 한없이 떨어진 상태였다. 많은 이스라엘의 역전의 용사들이 다들 꼬리를 내릴 때, 스스로 적장을 잡겠다고 나선 하룻강아지가 바로 다윗이었다. 물론 성경에서는 다윗이 그 이전부터 이미 야훼의 기름부음을 받고 확고한 신앙으로 무장하고 있었다고 밝혀놓고 있다. 그러나 다윗이 전장에 나가 승리를 이끈 데는 나름의 차별적 킬러본능이 작용했기 때문이다. 다름 아닌 '가족의 목숨을 지키기 위한 자발적 참여 정신'이 있었기에 그는 목숨을 건 싸움에서 승리한 것이다.

　요즘 '자발적 참여자'의 반대 개념이 스포츠 뉴스에서 자주 등장한다. 바로 '용병'이라는 말이다. 아마추어의 실험정신과 달리 프로는 개인과 구단 모두 승리라는 아주 명확한 목적이 있기 때문에 프로정신으로 무장한 용병이 그 역할을 충실히 해내리라는 의견이 있다. 그러나 과연 돈만을 위해 일을 한다는 행위가 과연 긍정적일까?

킬러는 용병과 자발적 참여자 어느 쪽에 가까운가?

마키아벨리는 그의 저서 『군주론』에서 용병의 위험을 다음과 같이 경고하고 있다.

> 돈을 주고 사온 용병은 아무 소용도 없을 뿐만 아니라 위험하다. 용병에 의존하는 지배자는 나라를 안전하게 지킬 수가 없다. 왜냐하면 용병이란 단결심은 없고 야심만 강하며, 기강이 서 있지 못하고 충성심도 없기 때문이다. 또한 그들은 자기들끼리 있을 때는 용감한 척하지만, 적과 맞서면 비겁해지는가 하면, 하늘을 두려워하지도 않고 다른 사람에 대해서도 신의를 지키지 않는다. 오로지 하찮은 보수만 바라고 전쟁터에 나가기 때문에, 그들은 자기를 고용한 지배자를 위해 목숨을 바치려고 하지 않는다. 전쟁이 없을 때는 자기에게 보수를 주는 지도자를 따르지만, 전쟁이 나면 달아나거나 진영을 이탈해 버리고 만다.

로마가 세계를 향해 뻗어나가던 시기에 로마군은 시민병들로 구성되어 있었다. 그들은 각자가 로마의 주인들이었으며 노예와 여자들은 군대에서 제외되었다. 그러나 시민병들이 줄어들고 돈을 목적으로 한 용병이 넘쳐나면서 로마군이 승리하는 횟수는 점차 줄어들기 시작했다. 이로써 로마는 시들기 시작했고, 마키아벨리의 시대에 이르기까지 깊은 잠에서 깨어나지 못하고 있었다. 마키아벨리의 탄식은 이러한 데서 연유한 것이다.

기본적으로 킬러는 돈을 위해 일을 하지 않는다. 마음에 드는 이성을 돈만으로 쟁취해 낼 수 없듯이 원하는 인재도 돈만으로는 구할 수 없다.

킬러는 자신의 일터가 곧 놀이터이고 그 일을 어떤 것보다 큰 유희로 인식해야 한다. 이것은 우리가 성공한 사람들에 대해 일반적으로 가지고 있는 고정관념에 대해서도 수정을 요하는 부분이다. 우리는 흔히 성공이란 것이 피땀 흘린 고통스런 노력의 대가라고 생각하기 쉽다. 그러나 실제로 성공한 사람들의 젊은 시절이란 바로 이렇게 놀이에 빠진 아이들의 천진한 모습과 같다. 자신의 일을 즐기고 사랑할 수 있어야만 그 분야의 스페셜리스트가 될 수 있고 거듭된 승리의 경험이 축적된 결과 한 사람의 킬러가 탄생할 수 있다. 그리고 승리를 이끌어내는 킬러의 마음에는 '자발적 참여의 즐거움' 이 자라나고 있어야 한다.

Part 2

꼰대들의 세상
– 킬러를 죽이는사회

킬러의 천적, 꼰대 / 경쟁의 이름으로 킬러를 거세하는 카인의 후예들 / 나는 패배할 준비가 돼 있다 _ 가능성을 제한하는 무사도의 함정 / 공장형 세상은 벽돌만 원한다 _ 공교육을 통해 창의성을 잃어가는 킬러들 / 연공서열은 어디에 쓰는 물건인고? / 정신력만 강조하는 훈련으로는 누구도 이길 수 없다 / 사랑도 명예도 이름도 남김없이? _ 승리를 제약하는 비장미의 함정 / 실패한 사회의 모토 '금욕주의' / 당신을 파괴하는 언어는 버려라

킬러의 천적, 꼰대

꼰대의 정의

생태계에는 먹이피라미드가 존재한다. 물론 피라미드를 이루는 내에서 무수한 먹이사슬이 꼬리에 꼬리를 물고 펼쳐진다. '먹고 먹히는 관계', 이것은 평화주의자들의 눈에는 잔인한 약육강식의 모습으로 비춰지겠지만, 한편에서 보면 자연의 균형을 유지하는 보편적 순리를 벗어나는 일이 아니다.

킬러는 이 먹이사슬의 최상층에 존재하는 이들을 말한다. 일련의 저항에도 아랑곳하지 않고 먹잇감을 찾아내 과감히 승리를 거두는 킬러, 아마도 이 세상이 킬러들만이 난무하는 세상이 된다면 전쟁터가 따로 없을 것이다. 일례로 중국의 전국시대(戰國時代)야말로 이러한 킬러들이 난무한 시대라 말할 수 있겠다.

다행히 역사는 '킬러들이 난무한 상황'을 제한하기 위해 많은 제약조건들을 만들어 냈으니, 킬러들이 가장 두려워하는 존재, 바로 '꼰대' 들이다. '꼰대'의 순작용을 든다면 아마도 킬러들의 등장을 적절한 선에서 제한하는 역할을 수행한다는 것이다. 물론 그 이면에는 자라나는 킬러들을 싹부터 잘라내는 역작용이 있기도 하니 킬러로 성장하길 바라는 이라면 당연히 꼰대의 실체를 알아차리는 것은 중요한 일이다.

꼰대란 단순히 나이든 사람을 뜻하지 않는다. 이것은 한 사회의 패러다임을 완전히 체화하고 기존 권위의 힘을 빌려 모든 창조적 시도를 가로막는 자를 뜻한다.

일례로 나이가 젊어도 일찍부터 관료주의가 몸에 밴 사람들이라면 꼰대일 확률이 높다. 혹 우리는 젊은 꼰대들로 넘쳐나는 세상에 살고 있지 않은가?

삼성, 꼰대에게 발목을 잡히다

우리나라의 대표기업인 삼성이 얼마 전부터, 인재확보 전쟁에 나섰다고 한다. 각 계열사 사장까지 동원된 인재확보 전쟁의 원인은 바로 이건희 회장의 경영철학에서 시작되었다. 잘 알려졌듯 이건희 회장은 "한 사람의 천재가 10만 명을 먹여 살린다"는 이른바 '천재론'을 들먹이며 각 계열사 사장들에게 외부로부터 인재를 확보할 것을 종용했다.

그런데 이것은 뒤집어 생각하면 삼성이라는 조직이 인재를 킬러로 키워내기에 내부적 한계를 가지고 있음을 스스로 공개 선언 하는 것에 다름 아니었다. 한 해 몇천 명의 신입사원을 그것도 국내 유수대학의 인재만 가려 뽑는 기업이, 2001년 발표시 직원만 4만 5천 명에 달한다는 기업이, 조직을 이끌 몇 명의 인재를 발굴해 내지 못하고 '인재'를 영입하기 위해 새로운 작전을 펼친다는 것은 일견 모순이라는 느낌이 든다.

그러나 이러한 삼성이 가지고 있는 인재발굴의 모순의 원인은 삼성 성장의 역사를 조금만 거슬러 올라가보면 쉽게 찾아낼 수 있다. 창립 당시 삼성은 한국 기업사에서 선도적인 면모를 많이 갖추고 있었다. 신입사원 공채제도를 도입한 것도 그 한 측면 이었다. 한국전쟁이 끝나고 얼마 지나지 않은 1957년, 삼성은 한국기업 사상 첫 공채시험을 실시했다. 당시로서는 기업이 직 원을 공개채용하는 일은 새로운 형식의 채용형태였다. 그 이전 만 하더라도 공채를 실시할 만한 규모의 기업도 존재하지 않았 을뿐더러, 연고를 중심으로 사원을 충당하던 개념이 뿌리 깊게 박혀 있었기 때문에 일면식도 없는 이를 서류와 면접을 통해 뽑아 쓴다는 것은 일종의 모험이지 않을 수 없었다. 삼성에서 는 시대를 앞서가는 기업으로 훌륭한 인재를 확보하기 위해 공 개적인 채용을 실시했던 것이다.

그러나 그 시대의 삼성에서 요구한 인재상은 지금의 인재상 과는 많은 차이를 두고 있다. 삼성의 창업자 이병철은 '인재제 일'이라는 사업 철학을 천명하고 몸소 실천했던 인물이었으나 그가 생각한 '인재'란 성실성을 가장 큰 덕목으로 무장한 인간 이었다.

이병철 회장은 삼성이 상당한 규모의 기업으로 성장할 때까 지 직접 신입사원 채용면접을 주도했는데, 관계자들의 증언에 의하면 이 회장이 면접장에서 가장 중요하게 관찰한 것은 다름 아닌 지원자의 '구두의 청결상태'였다고 한다. 지금에야 황당한 이야기지만 이병철 회장은 삼성의 일류사원이라면 모름지기 자기를 잘 다스리고 성실한 생활태도를 가져야 한다고 생각했던 것이다. 이병철 회장의 이러한 인재철학 덕에 현재까지도 삼성맨들은 깔끔하고 완벽한 사람들이라는 이미지를 가질 수 있었다.

그러나 이병철 회장이 원했던 인재상은 다분히 산업화 시기의 인재관에서 벗어나지 못하고 있었다. 아침에 일어나 출근을 할 때면 늘 하던 대로 자신의 몸가짐을 단정히 하고 회사에서도 정해진 방식의 일을 차질 없이 처리하는 사람. 아래위로 인간관계를 잘 살피고 그 어떤 덕목보다 성실함을 최고의 자산으로 갖춘 사람. 이것이 이병철 회장의 시대에서 요구하던 인재상이었던 것이다.

그와 같은 인재철학 하에서 삼성은 성장했다. 이병철 회장이 세상을 떠난 것이 1987년, 그 이전까지 그가 직접 뽑았던 인재들이 삼성의 중요 직책을 채우고 있었다. 구두손질을 잘하고 머리빗질을 깔끔하게 하고 다니는 인재들이 삼성을 이끌고 있었던 것이다.

이병철의 뒤를 이어 그의 3남 이건희가 삼성의 회장으로 등극했을 때 이건희 회장은 아버지가 만들어 놓은 조직을 천천히 다시 살피기 시작했다. 몇 년간 은둔에 가까운 시기를 보내며 그가 연구한 것은 '삼성의 경영상태'와 '삼성 인재의 한계성'이었다. 이어 이건희 회장은 "영감에게 속았다"고 할 정도로 한국 최고의 기업인 삼성에 상당한 실망감을 표시했다.

깔끔한 은행원 같은 이미지는 정보화 시대로의 변혁기에 요구되는 인재상이 아니었다. 그것은 구시대적인 관행에 맞춰 성장한 인재들이 킬러로 변모되지 못하고 단순 노무에 익숙한 노동자로 머물고 있다는 것을 의미했다. 결국 삼성은 이건희 회장의 등극으로 기존에 가지고 있던 인재상을 버리고 지금처럼 '인재사냥'에 나서게 된 것이다.

지금에 와서 돌이켜보면 젊은 회장의 조기 등극은 한국경제를 위해선 참으로 다행스런 일이었다. 그 후 삼성은 신경영을 선언하면서 정보통신 혁명의 시기에 최첨단을 달리는 기업으로 변신했기 때문이다. 현재 삼성이 보여주는 외부적인 실적은 이보다 더 좋을 수 없다고 할 정도로 괄목할 만한 것들이다.

삼성이 꼰대로 채워진 조직을 '천재적인 능력을 겸비한 킬러'들로 다시 정비하는 데는 오랜 시간이 걸렸다. 물론 꼰대들이 자신의 역할을 충실히 해가며 기업을 이끌 당시 성장이 이어졌던 것은 인정해야 한다. 그러나 시대는 변했고 더 이상 꼰대들의 설 자리는 없다. 새로운 킬러들이 적극적으로 뻗어나가야 할 시대가 온 것이다. 모든 기업에게 있어 가장 큰 문제는 "예측 못할 외부환경에 있는 것이 아니라 변화에 적응하는 자신의 내부능력에 있다"는 이야기가 있다. 꼰대들의 조직을 킬러들의 조직으로 변화시키는 것, 이 시대의 요구는 바로 그것이다.

킬러를 만드는 회의문화

삼성의 예에서 보여주듯이 꼰대들이 가득한 조직에서 킬러가 성장해 핵심 요직에서 킬러본능을 발휘한다는 것은 매우 어려운 일이다. 따라서 조직은 킬러와 리더의 조화를 이루기 위해 나이든 사람들의 경험에서 우러난 지혜와 젊은이들의 창의적인 사고를 적절히 수용해 실험정신이 묻히는 일이 없도록 해야 한다.

한 사회나 조직의 쇠퇴는 노년층의 지혜가 발휘되지 않아서 비롯되기보다는 젊은이들의 요구가 좌절되는 데에서 발생하는 경우가 많다. 특히 커다란 성공을 맛본 조직일수록 그 성공을 기억하는 세대가 큰 발언권을 행사하며 회사를 좌지우지하기 때문에 변화가 이뤄지지 못하는 경우가 대부분이다.

창조적인 아이디어를 끌어내기 위해 가장 널리 쓰이고 있는 '브레인스토밍' 과정은 킬러들이 어떤 환경에서 죽임을 당하고 또 어떤 환경에서 다시 태어나는지 명확하게 보여준다. 적극적으로 브레인스토밍 과정을 살펴보도록 하자.

브레인스토밍은 일반적으로 아래의 네 가지 규칙에 의해 진행된다.

1. 비판은 배제된다.
2. 자유분방함을 환영한다.
3. 아이디어는 다다익선이다.
4. 결합과 개선을 추구한다.

위의 조건을 가지고 다시 전통적인 삼성맨, 이건희 회장이 등극하기 전의 삼성맨들의 이미지와 비교해보면 근사치에 가장 가까운 것은 4번 정도가 될 것이다. 그 외의 원칙들은 유난히 관리와 계획을 강조하는 삼성과 맞추어보면 어딘가 이질적인 것처럼 보인다.

브레인스토밍에서는 창조적 아이디어를 죽이는 표현들이 존재한다. 만일 한 기업 내에서 이런 형태의 언어가 간부들의 입에 붙어 있다면, 그 회사의 주주들은 일찌감치 주식을 처분하는 것이 현명한 선택이 될 것이다.

- 과거에 시도해본 적이 없는 방식이다.

- 그건 전에 이미 해본 적이 있다.

- 사장님이 받아들일까?

- 이론상으론 좋은 아이디어다. 하지만.

- 거기에 관한 해당규정이 없다.

- 규제에 걸려 안 될 것이다.

- 직원들이 따라오지 않을 것이다.

- 기술적으로 가능할까?

- 시장조사부터 실시해봐야 할 것이다.

- 우리 회사 규모로는 불가능하다.

- 그건 다음에 논의하자.

- 잠시 생각할 시간을 가지면서 진행경과를 지켜보기로 하자.

이런 표현들은 실상 우리가 흔히 접하는 것들이다. 그리고 사회적 지위가 높아지고 회의를 주재하는 입장이 될수록 자신의 경륜을 과시하는 방식으로 쉽게 사용된다. 이로써 관료화된 우리의 회의체계, 나아가 조직체계는 부모가 자식을 죽이고, 스승이 제자를 죽이는 형국으로 몰락해 가게 된다.

우리는 인재의 중요성을 목청껏 외치고, 자식 교육을 위해서라면 물불을 가리지 않는다고 하면서도 정작 한 젊은이의 가장 중요한 자산인 '창조성의 발현' 은 무의식 중에 거세해 버리고 있다.

가장 창조적인 발상은 그 어떤 상상의 제한도 없는 곳에서 태어난다. 그리고 가장 부가가치 높은 사업은 아무도 시도하지 않은 일을 실행에 옮길 때 시삭된다. 하지만 "나이는 개에게는 새로운 재주를 가르칠 수 없다"는 서양속담처럼 노쇠한 머리의 꼰대에게 이러한 역할을 기대하기는 어렵다.

한 집안에서 새로운 분위기를 기대할 때 갓난아기의 탄생을 마음 깊이 바라듯이 새로운 시대의 변화를 위해 이 사회는 신선한 킬러들의 출현을 기쁘게 받아들여야 한다. 아마도 그들은 예전과는 분명히 다른 모습으로 나타날 것이다. 그리고 그들은 자신을 맞이할 준비가 된 곳에서만 활동을 시작할 것이다.

경쟁의 이름으로 킬러를 거세하는
카인의 후예들

카인은 왜 아벨을 죽였는가?

구약성경에는 인류 최초의 살인자를 카인으로 기록하고 있다. 비록 아담과 이브가 오랫동안 살았다고는 하나 인류역사에서 살인이란 것이 불과 2대 만에 발생되었다는 것은 큰 충격이 아닐 수 없다. 게다가 카인에 의해 죽은 피해자가 바로 그의 친동생 아벨이었다는 사실, 인류 최초의 살인사건이 형제를 죽이는 것이었다는 점은 우리에게 많은 것을 생각하게 한다. 왜 형은 동생을 죽인 것일까?

잠시 성경을 들여다보자. 카인은 아벨의 형이다. 카인은 농부, 아벨은 목자(牧者)였다. 카인은 농산물을 야훼신에게 바치고 아벨은 가축을 제물로 바쳤는데, 신은 아벨이 바친 제물은 반기고, 카인이 바친 제물은 반기지 않았다. 그러자 카인은 아우 아벨을 질투하여 죽이고 말았다. 노한 야훼는 카인을 저주하여 그를 떠돌아다니는 신세로 만들었다.

성경의 해석은 다르겠으나 여기서 우리는 이 시대의 킬러를 죽이는 또 하나의 강력한 문화적 요인으로 킬러의 경쟁자들을 주목해야 한다.

잠재적 경쟁자들에 대해 배타적이고 적대적인 태도는 인간 내부에 프로그래밍된 가장 강력한 본능중 하나인지도 모른다. 킬러의 경쟁자가 킬러를 죽이는 일은 비단 동년배들 사이에서만 벌어지는 것이 아니다. 이런 잠재적 경쟁자를 죽이는 일은 종종 동일 집단 내에서 조금 더 파워를 가지고 있는 선배집단에 의해 저질러질 가능성이 가장 높다.

'신입생 징크스'는 어디서 오는가?

운동선수의 사회에서는 '카인의 후예들'을 왕왕 찾아볼 수 있다. 일례로 구기종목과 같은 단체 스포츠에서는 고교시절 날고 기던 선수일지라도 대학 신입생이 되는 순간 경기능력이 현저히 떨어지는 현상이 나타난다. 이는 단체종목에서 자주 나타나는 현상으로 일반적으로 '신입생 징크스'라고 부른다.

신입생들이 겪는 이러한 징크스의 원인은 무엇일까? 신입생들은 대학이란 곳에 오기까지 치열한 경쟁을 거치지만 대학 문을 통과한 순간 유능한 선수들이 모인 집단에 속하게 되고 선배들이 자신들보다 더 많은 출전기회를 가지는 것을 지켜보게 된다. 출전 기회를 얻지 못한 신입생들은 당연히 뒤처질 수밖에 없다. 경험과 훈련의 성과를 타고난 자질로 극복해 내는 천재적 소질의 선수들조차도 이처럼 신입생 시절에는 별반 활약을 펼치지 못하는 경우가 많다. 그 이유는 무엇인가?

여기서 지난 2002년 한일 월드컵 당시 히딩크가 국가대표 선두들에게 내렸던 지침 하나를 상기해보자. 월드컵 직전 히딩크가 유럽의 축구 선진국을 100%로 치고 한국 축구가 어떤 수

준인지를 계량화한 문서를 기자들에게 공개한 적이 있다. 당시 그가 배포한 자료는 다음과 같다.

[2002년 축구 국가대표 선수들 평가 데이터]

힘과 지구력 : 50%

기술 : 85%

전술 : 60%

스피드 : 80%

자신감 : 60%

경험과 불안억제력 : 30%

경기 중 의사소통과 책임감 : 20%

성취동기 : 100%

국가와 축구에 대한 사명감 : 99%

히딩크가 감독으로 부임했을 초기, 한국팀에 대해 받은 인상은 그라운드에서 우왕좌왕하는 모습이었다. 히딩크는 그 원인에 대해서 큰 경기에 대한 경험 부족과 몇몇 복합적인 이유에도 불구하고 가장 큰 원인은 선수들 사이에 의사소통이 원할치 못한 점을 꼽았다.

최종적으로 히딩크는 한국 국가대표 선수들이 정신적으로는 잘 무장되어 있지만 선수들간에 의사소통이 완전히 닫혀 있고 조직력에 심각한 문제가 있던 것으로 판단했다.

이후 그는 한국 선수들간의 의사소통을 가로막고 있는 몇 가지 문제점을 간파해 냈다. 히딩크의 눈에 비친 한국 선수들의 특이한 점은 우선 선수단이 훈련용구를 나를 때 팀의 막내들만 허겁지겁 일을 한다는 것과 식사시간 때 동년배들끼리만 모여서 식사한다는 사실이었다.

히딩크가 한국의 유교문화를 이해하지 못한 것은 아니었다. 그러나 그에게는 선후배 선수들이 경쟁자이자 동반자라는 굳은 신념이 있었다. 그래서 그는 선수들에게 반드시 잡무를 나눠서 할 것과 식사를 할 때도 반드시 유니폼을 착용하고 선후배가 함께 식사할 것을 명령했다. 거기서 그치지 않고 한 발짝 더 나가 한국사회의 금기에 도전을 했다. 바로 시합 중에는 연장자의 구분 없이 이름을 부르게 한 것이다.

당시 고참급 선수들 사이에서는 불만의 목소리도 조금씩 새어 나왔으나 히딩크의 의지는 확고했다. 히딩크의 명령이 떨어진 후 시합에서 선배들 이름을 제일 먼저 부른 것은 의외로 당시 팀의 막내였던 이천수였고 문화는 점점 바뀌어 갔다. 다행히 이런 문화적 실험은 큰 목표를 앞둔 선수들의 협조로 성공적으로 완수될 수 있었고 '카인의 후예' 들에게 경쟁자를 거세하기보다는 상생의 자세를 가질 수 있는 계기를 마련해주었다.

당신 주변의 킬러를 짓밟지 마라

앞의 사례는 어린 후배들이 선배들의 견제와 횡포에서 벗어남으로써 자신들의 킬러본능을 맘껏 발산함으로써 좋은 성과를 보였던 경우가 많다. 잠재적 성장 가능성을 갖고 있는 이를 중간된게에서 세거해 버리고 싶은 적개심은 사실 본능에 가까운 보편적 감정이다.

연공서열을 나누고 선후배를 구분하고 후배는 아무리 뛰어나도 선배의 자리를 넘봐선 안 되는 사회적 분위기는 유교적 문화에서 볼 때 예의범절을 잘 지켰다고 할 수 있을지 모르나 성장과 상생의 입장에서 본다면 구태의연한 구례에 지나지 않는다는 것을 명심해야 한다.

킬러들이란 조직 내에서 '건방진 후배' '조직생활 부적격자' '사이코' 등의 평가를 얻고 있기가 쉽다. 이런 평가는 그들의 바로 위 선배그룹에 의해 집중적으로 유포된다. 그리고 안타깝지만 이러한 비정상적인 문화는 어린 학생들의 세계를 넘어서 일반사회에도 텃세와 횡포로 존재하고 있다.

팀원의 공(功)을 독식하는 팀장, 학생들의 논문을 가로채는 교수 등은 우리가 킬러를 억압하는 사이에 그 문화에 기생해 성장해 가는 카인들이라 할 수 있다. 그러나 우리는 킬러를 성장시킬 문화와 킬러로 성장할 수 있도록 이끌 수 있는 리더가 절실히 필요한 시대에 살고 있다.

나는 패배할 준비가 돼 있다
– 가능성을 제한하는 무사도의 함정

무사의 숙구 VS 킬러의 축구

2002년 월드컵 당시 공동 개최국이었던 한국과 일본에게는 동일한 목표가 있었다. 그것은 조별 예선을 통과하고 16강전에 진출하는 것이었다.

그런데 16강 진출의 구도가 확정된 후 두 나라의 태도는 확연히 달랐다. 일본은 터키와 16강전에서 맞붙게 되었는데, 그때 일본팀이 보여준 자세는 한국팀에게는 참으로 귀한 타산지석이 되었다. 당시 일본이 보여준 시합은 한 마디로 배부른 자의 겸손에서 한 발짝도 나가지 못하고 있었다. 그들은 마치 축구선진국들에게 이기려고 덤비는 것이 예의에 어긋나기라도 한 것처럼, '한 수 가르쳐주서서 감사합니다' 는 식으로 경기에 임했다. 한껏 겸손을 떨던 그들은 이미 시합을 하기도 전에 질 준비를 하고 있었던 것이다.

우리는 여기서 일본의 대표적인 정신문화인 무사도에 대해서 다시 한번 생각해볼 필요가 있다. 이것은 현대 일본이 그토록 강한 조직문화를 가진 반면 뛰어난 킬러들에 대해서는 왜 그리 냉담한지에 대해 해답을 제시해줄 수 있을 것이다.

무사도의 시작

우선 한국인들이 크게 착각하고 있는 점을 하나 지적하고 넘어가자.

한국인들은 무사와 군인을 동일하게 받아들이는 경향이 있다.

일본에서 한참 무사도를 국도로 취급하고 무사들이 정권을 좌지우지할 당시 조선에는 엄밀한 의미에서 일본식 무사집단과 같은 집단이 존재하지 않았다. 조선에는 선비라는 이름의

문사와 직업군인만이 존재했을 뿐, 문무를 겸비한 무사는 존재하지 않았다. 게다가 오늘날 많은 무술 유파가 '~~도(道)'라는 형식의 명칭을 사용하는 데서 알 수 있듯이 당시 일본식 무사도의 성립에는 선불교의 영향이 컸다. 그러나 기본적으로 불교를 배척했던 조선에서 참선을 하고 도를 닦는 무사가 성장했을 리는 만무하다. 그러니 우리에게 무사도란 참으로 알 듯 모를 듯한 대상이고 그에 따라 오해도 많이 생겨났다.

얼핏 보기에 일본식 무사도는 킬러들을 키워내는 토양이 되는 것처럼 생각하기 쉽다. 이것은 태평양전쟁 당시 일본군들이 보여준 가미카제와 같은 이미지를 통해서 더욱 확실히 굳어졌다. 하지만 사실 여기에는 큰 함정이 있다.

현대 일본 무사도의 이미지를 생성하고 세계 속에 퍼뜨린 인물은 뜻밖에도 일본 근대의 교육자였던 니토베 이나조(新渡戶稲造)였다. 일본의 대표적 역할모델로 사무라이를 등장시킨 그는 후에 일본돈 5,000엔 지폐 속 초상화의 주인공이 되었다. 그는 1899년 미국에서 『무사도』를 출간하며 일본 정신문화의 정수로서 무사도를 전 세계에 선전하기 시작했다. 기본적으로 교육자였던 그는 서구 교육의 기반이 되는 기독교를 의식해 그에 필적할 만한 일본식 정신문화의 근간을 정립하려 애썼던 듯하다.

니토베 이나조가 정립한 사무라이 상 이전까지도 일본의 무사도는 시대에 따라 각기 다른 모습으로 변모해 왔다. 우선 사무라이가 역사적으로 등장한 10세기경 헤이안시대부터 전국시대가 막을 내릴 때까지 사무라이들은 실제로 검을 휘두르며 살았다. 무장한 농민들이 억압적인 현실에 맞서 자율무장집단이 되었고, 실제 검을 휘두르며 지금의 야쿠자와 유사한 이미지로 한 시절을 살았다.

전국시대가 막을 내리고 17세기 에도시대가 시작될 무렵에는 사무라이들의 2기가 시작된다. 이 시대의 사무라이들은 헤이안시대의 귀족들의 지위를 차지하게 되는데 이때부터 칼은 실용적 용도가 아닌, 신분을 나타내는 장식품으로서의 의미가 강해진다.

현대 일본 검도의 원류를 거슬러 올라가보면 유난히 검술이 부흥한 시기가 바로 에도시대부터였음을 알 수 있다. 역설적이지만 검이 원래의 기능을 상실하면서 이들은 거기에 종교적 의미를 더하기 시작했고 그를 통해 자신들의 이미지를 강화해 나갔다. 재미있는 것은 일본에 미국 페리제독의 흑선이 출현해 서구의 도전을 맞이했을 때, 사무라이들은 다시 칼을 뽑아들었고 일본 전역에 검술열풍이 일었다는 것이다. 그들이 외세의 출현 앞에서 자신들의 정체성을 강화하기 위한 수단으로 전통문화를 떠올렸다는 것은 충분히 납득이 간다. 미국이라는 거대한 물질문명과 과학문명 앞에 정신주의로 맞섰던 상징이 바로 이 시기의 검술열풍이었던 것이다.

사무라이는 메이지시대에 칼을 차고 다니는 것을 금지했던 폐도령이 내려지면서부터 또 다른 시기를 맞게 된다. 니토베 이나조는 메이지 유신(1871년) 폐도령 이후 일본의 변화상을 전통문화의 단절로 인식하고 몹시 비장하면서도 감회어린 목소리로 전하고 있다. 바로 그의 책 『무사도』는 더 이상 장식적 용도로도 칼을 찰 수 없었던 시대에 이상화된 사무라이의 모습을 형상화함으로써, 일본의 정체성을 새로이 규정하고자 했던 것이다.

무사도의 함정에 빠진 일본 선수들

그런데 이렇게 자기 자신의 이상적인 이미지를 구축하면서 스스로를 타자와 구분 짓는 행동은 위험하기 그지없는 것이다. 사무라이와 무사도를 바탕으로 축구를 하는 선수들은 무슨 생각을 하고 그라운드를 누빌 것인가? 현실과 맞지 않는 이상을 상정해 두고 그와 닮아가려고 하는 것은 그 자체로 실패의 요인이 되기에 충분하다.

일례로 영국은 가장 먼저 산업혁명을 시작한 국가였지만, 영국신사는 손톱 밑에 기름때가 묻어서는 안 된다는 자아 이미지는 그들이 가진 한계였다. '신사는 결코 기름때를 뒤집어 쓰지 않는다'는 생각은 당장 나가서 일해야 하는 사람들에게는 맞지않는 것이었다. 결국 그들은 식민지였던 미국에게 세계최강의 지위를 물려주지 않을 수 없었다.

현대 일본인들이 아시아 국가들에 대해 가지고 있는 우월의식의 핵심에는 이와 비슷한 허황된 무사도가 자리하고 있다. 자신들은 도를 행하는 이로 선택받았다는 의식으로 스스로에게 좋은 이미지를 덧씌우고 행동으로는 역사의 잔혹행위들을 저질렀다.

일본의 소설가 무라카미 류가 2002년 월드컵 당시 한국축구에 대해 평가한 것을 살펴보면 그들의 인식이 은밀히 드러난다. 한마디로 한국의 축구 혹은 한국이나 기타 아시아 국가들의 행동 저변에는 '더티'한 구석이 있다는 것이다. 반면 일본은 비록 16강전에서 패했을망정 사무라이 정신으로 공정하고 정의로운 시합을 펼쳤으며 깨끗하게 패배를 승복했다는 것이다.

그러나 자신들의 조상들이 그렇게 페어플레이를 했는지는 알수 없다. 그러나 그보다 중요한 것은 그와같은 그릇된 자기이미지가 스스로의 역량을 제한하는 결과를 초래했다는 점이다.

일본에서 군신으로까지 떠받들어졌다는 러일전쟁의 영웅 '도고 헤이하치로'는 그의 승전을 선전포고 없는 기습공격을 통해 이끌어 냈다. 이후부터 일본은 만주사변과 중일전쟁, 태평양전쟁에 이르기까지 선전포고 없이 기습 공격하는 방식을 상용수법으로 삼았다. 즉, 사무라이 정신을 그토록 강조하던 일본 군국주의가 실제로 수단과 방법에 있어서는 무사도라고 칭했던 '정정당당'을 저버렸던 것이다.

'노예의 도덕'을 강요하는 무사도

무사도에 대한 일본인들의 왜곡된 이해를 차치하고라도 무사도는 그 자체로 킬러로서의 성장을 가로막는 한계를 갖고 있다.

태평양전쟁 말기 이 이해할 수 없는 적들을 연구하기 위해 미국정부는 인류학자 루스 베네딕트에게 일본 정신에 대한 연구를 지시한다. 이때 쓰인 책이 바로 『국화와 칼』인데, 이것은 오늘날까지 일본에 관한 연구서 중 가장 탁월한 책으로 꼽힌다.

그런데 이 책의 저자 루스 베네딕트는 일본인들의 심성을 가장 잘 묘사한 전통적 문학 작품으로 『주신구라』를 꼽았다.

한국인들에게는 낯선 작품이 될 텐데, 에도 중기 무렵에 실화를 바탕으로 한 소설이다. 억울하게 할복한 주군의 복수를 위해 47명의 무사들이 분기하고, 목표를 달성한 후에 모두 할복한다는 구성인데, 많은 소설과 연극으로 재연되었다.

이 47명의 무사들은 바로 집단주의적이고 맹목적인 충성심을 발휘하는 일본인들의 특성을 잘 나타내 보여주고 있다고 하겠다. 즉, 개인으로서는 더없이 나약하지만 집단의 일원이 되었을 때는 『주신구라』의 무사와 같은 용기를 발휘하는 일본인들의 모습을 상징하는 것이다.

하지만 『주신구라』의 무사들은 킬러가 될 수 없다. 킬러란 누군가를 위해 헌신하는 존재가 아니다. 그는 스스로가 목표를 선택하고 그를 위해 완전연소할 수 있는 인물이다. 주군, 국가 혹은 회사와 같이 충성할 대상이 있고 그들의 명령이 있어야 목숨을 걸고 싸우는 행위는 무사도가 가진 노예의 도덕이 실현된 것일 뿐이다.

무사도에 의한 일본인들의 맹목적 성향은 산업화시대에 일본을 경제대국으로 만들고 아시아에서 으뜸가는 나라를 만들었으나 90년대 이후 정보화시대로의 변화에 뒤처지며 경기침체에 허덕이는 일본을 만들기도 했다.

결론적으로 일본이 가진 사회문제의 원인 중 큰 부분은 그들이 무사도의 한계, 즉 '노예의 도덕'에 익숙해져 있다는 것이다. 자신이 믿는 신념을 유일하게 숭고한 것이라 여기고 그도에 따라서 자신의 목숨까지 내걸 수 있다는 왜곡된 믿음이 결국은 순종적이되 창의적이지 않고 안정적이되 혁명적이지 못한 오늘의 일본을 만든 것이다. 시대를 앞서가는 킬러라면 역량을 제한하는 무사도의 함정을 경계해야 할 것이다.

공장형 세상은 벽돌만 원한다
- 공교육을 통해 창의성을 잃어가는 킬러들

공교육을 둘러싼 동서양의 갑론을박

공교육은 많은 분야에서 앞서간다고 평가를 받는 서구사회에서도 난제로 취급되고 있다.

선진국의 상징처럼 여겨지는 미국, 복지가 잘 돼 있다는 미국에서조차 심심찮게 학교에서의 총기난사사고가 일어나고 있다. 그러니 미국의 공교육이 교육장소의 안전성부터 큰 사회문제가 되는 것은 당연한 일이다. 최근에는 MS의 빌 게이츠도 미국의 공교육을 혹독하게 비판한 적이 있을 정도다.

수준 높은 철학교육으로 유명한 프랑스도 최근들어 학과목의 성취를 강조하는 형식으로 변화를 시도하고 있다고 하니 선진국의 공교육 정책이 성공적이라는 평가를 내리기에는 섣부른 감이 있다.

반면 동아시아의 공교육은 지난 반세기 동안 고도의 경제성장을 가능케 했던 일등공신으로 평가받고 있다. 대단한 교육열을 자랑하는 동아시아의 경우 고학력 인재들이 줄줄이 쏟아져 나왔다. 그 인재들은 학교에서 배운 바대로 국가재건에 힘을 쏟았다.

그런데 깊이 들여다보면 동아시아 교육도 가히 성공적이지는 않다. 똑똑하던 십대 시설의 수재들이 고등학교를 졸업하고 대학에 들어가 사회생활을 하다보면 독창적이고 창의적인 일에 있어서는 영 그 힘을 발휘하지 못하는 것이다.

동서양을 막론하고 백년지대계(百年之大計)라는 교육, 그 중에서도 국가에서 국가의 유지와 사회의 안녕을 위해 진행하는 공교육을 둘러싼 갑론을박은 앞으로도 끊임없이 계속될 것이다.

킬러를 죽이는 '공교육의 한계'

말 많고 탈 많은 오늘날 공교육의 원형은 어떻게 시작되었을까?

근대국가의 출현과 밀접한 관련이 있다는 것이 정설이다.

근대 이전에는 대체로 종교가 교육을 통제하던 시절이었으므로 교육은 주로 사교육에 의해 이뤄졌다. 그러다 1789년 프랑스 대혁명 이후 절대군주제가 무너지고 근대국가가 형성되면서 유럽 지식인들 사이에서는 국가가 국민의 교육을 담당해야 한다는 생각이 퍼지기 시작했다. 보편교육사상으로 만인의 교육받을 권리를 무엇보다 중요하게 생각한 것이다. 이로써 '보편성'과 '통일성'을 핵심으로 한 공교육이 시작되었다. 그리고 이것은 산업화 시대의 기업이 원하는 바와 정확하게 맞아떨어졌다.

하지만 바로 이 지점에서부터 공교육은 '튀어야 산다'를 모토로 하는 킬러들의 성장과는 크게 어긋나기 시작한다.

우리가 서구 여러 나라 가운데서도 눈여겨 보아야 할 것은 독일 공교육의 역사다. 독일은 공교육 시스템을 가장 먼저 확립

한 나라인데, 후발 산업 국가로 교육을 통한 산업화를 주도해
낸 우리와 비슷한 공교육의 역사를 갖는 나라이기 때문이다.

19세기 초 나폴레옹에 의해 당시 프로이센이 점령되었을 때
독일의 게르만 민족은 민족적 각성을 강력하게 부르짖었다. 민
족적 각성은 국가적 단결을 목표로 한 대중교육체제를 통해 국
민통합으로 나가게 되었고 이렇게 형성된 독일 공교육은 한때
유럽 내 다른 국가들에게 부러움의 대상이 되었다.

독일 공교육의 효과는 19세기 후반 국력의 급성장으로 나타
났다. 이러한 독일식 시스템을 가장 먼저 모방한 것은 다른 아
닌 일본이었다. 당연히 일본의 영향권에 있었던 한국의 공교육
역시 같은 흐름 속에서 같은 형식을 따랐던 것은 필연적인 결
과였다. 한국과 일본을 포함하여 독일의 공교육을 따른 국가들
은 독일의 전철을 밟아 비교적 빠른 시간 내에 급성장을 이루
었다. 국가관리에 의한 강력한 공교육의 실시는 적어도 초기
국가발전단계에서는 실효를 거두어 각계의 찬사를 듣게 되었
다. 그러던 것이 사회발전단계가 산업화 시대를 지나 정보통신
시대에 접어들면서 공교육은 인재를 자체적으로 제한한다는
부정적인 측면을 동전의 양면처럼 드러내기 시작했다.

개인의 교육 주도권을 회수하자

산업화를 이미 이룩한 국가들이 공교육을 실시하면서 가장 먼저 부딪치는 문제점은 하향평준화이다. 산업화를 이룩한 근래 한국의 공교육 역시 시대의 변화에 대응하지 못하고 있다. 개인의 성장을 획일적으로 제약해 창의적 인간을 배출하지 못한다는 비판까지 끊임없이 쏟아지고 있다.

대표적인 공교육의 문제점은 두 가지로 구분해 설명할 수 있다.

첫 번째로 학교가 교육의 공급자라고 했을 때 공교육은 교육의 구체적 수요자인 기업의 입장을 만족시키지 못한다는 점이다.

기업의 환경은 90년대 이후 급변했다. 이른바 세계화라는 이름의 국경 없는 무한경쟁의 시대를 맞이하게 된 것이다. 기업들은 노동의 수요자로서 상품성(인재들의 경쟁력) 향상에 대해 끊임없이 요구해 왔다. 그러나 공교육의 정체성을 눈여겨 볼 때 기업이 요구하는 인재상에 적합한 교육과정으로의 수정은 쉽지 않을 것으로 보인다.

두 번째로 살펴볼 수 있는 것은 교육을 받는 학생들을 '평준화' 시킨다는 점이다.

교육만평에서 많이 비화되듯이 공교육은 모난 부분을 깎아 내 동일한 벽돌을 만들어 내는 이른바 '평준화' 라는 특징을 갖는다. 그러나 이 시대 킬러들이 요구하는 것은 모난 부분을 더욱 모나게 해주는 창의성의 발현이다. 많은 천재들이 학창시절을 악몽처럼 기억하는 것은 바로 그들의 창의성을 죽이고 개성을 말살하는 공교육에 그 원인이 있다.

더 이상 공장이 필요 없는 IT 시대, 벽돌과 같이 동일하게 양산된 학생들은 갈 곳이 없다. 바야흐로 평생학습의 시대를 맞이하여 학생들의 교육요구가 그 어느 때보다도 커지고 있는 시점에서 하향평준화를 지향하고 있는 공교육은 그 역할을 축소할 수밖에 없을 것으로 보인다.

연공서열은 어디에 쓰는 물건인고?

군대문화 속에서 킬러로 살아남기

언제부턴지 우리사회는 모든 사회갈등의 원인으로 사회적으로 팽배한 '군사문화'를 꼽고 있는데, 필자 역시 대한민국의 군대를 경험한 남자로서 그 말에 동의하는 편이다. 군대를 가지 않은 여성이나 군대를 가보지 않은 미필자라도 군대문화가 어떤 것이고 그 문화가 사람을 어떤 식으로 정형화하는지 잘 알고, 비슷한 문화를 겪어보기까지 했다고 한다. 그러니 군대 안이나 밖이나 '군대문화'가 사회 전반에 보편화 돼 있다는 것은 틀린 말이 아닐 것이다.

이 같은 군대문화 그리고 연공서열제도 등은 주로 꼰대들과 카인들에 의해서 그 기능을 발휘한다. 안정된 조직에서 그들은 킬러들을 조직적으로 거세하는 한편 킬러들이 군대문화와 연공서열제도를 무시했다며 킬러들을 비난한다.

킬러는 적절한 적들을 만나고 그들을 깨뜨려 가며 성장한다. 그들에게 가장 좋은 자양분은 힘에 부치지 않는 적절한 상대를 만나 승리의 경험을 쌓는 것이다. 반면에 치명적인 독약은 자신의 한계를 뛰어넘는 상대를 만나 패배의 경험을 쌓는 것이다.

이러한 함수관계를 조직에 대입한다면, 다음과 같은 결과가 나온다. 킬러는 자신이 뛸 수 있는 조직 내에서만 킬러로서 성장할 수 있다. 반대로 자신이 뛸 수 없는 조직에서 킬러는 죽음을 맞는다. 또한 그렇게 부지런히 킬러들을 거세해 이미 공룡이 되어버린 조직에게는 언젠가 빙하기가 찾아오는 것 또한 정해진 운명이다.

우리는 혁신적인 킬러들로 넘쳐나는 관료집단을 상상하기 힘들다. 이미 거대한 공룡이 되어버린 조직에서는 온갖 꼰대들과 카인들만이 가득 차 있을 뿐이다. 그들은 언제라도 자신들을 위협할 킬러들을 짓밟을 만반의 준비가 되어 있는 사람들이다.

다음의 사례를 통해 필요한 시점에서 과감하게 연공서열을 철폐하는 것이 어떻게 조직을 풍전등화의 위기에서 살릴 수 있었는지 발견할 수 있다.

포에니 전쟁의 영웅 한니발과
그를 꺾은 로마의 킬러 스키피오

기원전 218년 카르타고의 29세 청년장수 한니발은 로마를 점령하기 위해 코끼리 부대와 기마병을 이끌고 알프스 산맥을 넘는 작전을 감행했다. 적의 상상을 초월하는 작전을 펼친 이 젊은 피는 참신한 전략과 과감한 실행이라는 킬러의 행동강령을 잊지 않았다.

알프스 산맥을 넘기까지 그곳에 존재하는 여러 이민족들을 때로는 회유하고, 때로는 정복하면서 불필요한 전력의 낭비는 최대한 억제했다. 때때로 산악 민족들을 만나 기습을 받고 아군에 사상자가 생길 때면 자신이 선두에 달려 나가는 것 또한 잊지 않았다.

그러나 그가 로마에 당도했을 때 그의 휘하 병력은 총 2만 6천 명에 불과했다. 적지 않은 수였으나 로마연합군의 총 동원

가능 병력이 무려 75만 명이었던 것에 비하면 숫자적으로는 엄청난 열세였다. 얼핏 봐서는 백전노장들의 경험으로 보나 규모로 보나 카르타고의 부대는 로마군에게 결코 이길 수 없을 것처럼 보였다. 그러나 훗날 포에니 전쟁으로 기록된 이 싸움에서 로마는 적국의 젊은 킬러에게 속수무책으로 당해야만 했다. 이 무렵 로마의 어머니들은 아이들을 조용히 시킬 때면 "저기 한니발이 온다"고 할 정도였다.

한니발 군의 승리요인에는 다양한 요소가 복합적으로 작용했겠지만 무엇보다 기병의 우세를 꼽을 수 있다. 기병을 적극 활용하는 선략은 마케도니아의 청년 정복자 알렉산더가 이미 사용했던 전법으로 한니발은 이를 적극 소화해 내고 활용하였다. 다만 로마만은 패배를 뻔히 예견하면서도 기병을 쉽게 양성하지 못했다.

로마의 근심이 깊어갈 무렵, 로마의 젊은 피 한 사람이 나선다. 불과 스물 네 살의 청년이었다. 당시 로마에 필요한 것은 패배에 지쳐 사기가 꺽인 병사들을 다시 북돋워줄 장수였다. 이 시대적 요구를 들어줄 수 있는 킬러가 바로 청년 스키피오였다.

스키피오가 에스파냐 전선의 총사령관을 자원했던 것이다. 총사령관은 집정관이나 법무관한테만 허용될 자리였다. 스키피오는 고작 2년 전에 안찰관의 지위에 오른 인물이었다. 원래 안찰관은 그리 높은 직책은 아니었으나 30세 이상의 자격제한이 있었다. 고로 20대인 스키피오에게는 파격적인 처사였다고 할 수 있다. 다행히 당시의 로마인들은 젊은 피를 갈구했는지 이 자격미달의 젊은이에게 전폭적인 지지를 안겨주었고 연공서열을 중시하는 로마의 관료들은 '하찮은 안찰관 자리쯤이야' 하며 특례를 묵인했던 것으로 보인다.

그런데 이 버릇없는 녀석이 다시 나섰다. 총사령관의 자격요건인 집정관이나 법무관은 40세 이상이라는 연령제한을 가지고 있었음에도 그는 아랑곳하지 않았다. 만일 스키피오가 그 자격을 얻을 수 있다면 안찰관이 될 때보다 곱절의 특례가 필요한 상황이었다.

하지만 놀랍게도 로마의 원로원은 그의 자원을 받아들인다. 더욱이 40세 이상의 파견할 만한 장수감이 로마에는 남아 있지 않았다. 혹은 그 지점에 이르러서 카르타고의 젊은 피를 잡을 수 있는 것은 역시 로마의 젊은 피밖에 없다는 결론에 도달했는지도 모른다. 로마의 시민들 역시 원로원의 이 결정을 대대적으로 지지했다. 이리하여 천재적인 두 전략가의 역사적 대결이 그 막을 올리게 되었다.

킬러들이여 나이를 넘어서라

스키피오는 부대에 부임하자마자 병사들의 사기진작부터 도모했다. 그리고 정복지의 주민들에게는 온정주의를 실천, 그들의 협조를 얻어냈다. 그가 이 무렵 실행한 혁신은 무기의 개량이었다. 한쪽 날에서 양쪽 날로 개조한 칼은 훗날까지 로마군의 주요무기가 되었다. 그러나 무엇보다 스키피오는 로마의 나이든 장수들이 배울 수 없는 전술을 적장 한니발로부터 배웠다. 그것은 전쟁에 있어 수단과 방법을 가리지 않는 승리를 갈구하는 정신과 기병의 중요성을 깨닫는 것이었다.

마침내 기원전 202년, 어느덧 45세 중년이 된 카르타고의 사자 한니발과 33세의 노련한 장수가 된 스키피오는 최후의 일전을 겨룬다. 스키피오는 누구보다 훌륭한 스승이었던 한니발의 전술을 학습하여 발전시켰고, 결과적으로 로마군의 승리를 이끌어냄으로써 무려 16년간 계속되었던 포에니 전쟁의 종지부를 찍었다.

대부분의 민주국가에서도 최고 통수권자의 나이를 40세 이상으로 제한해 놓고 있다. 이것은 세상을 폭넓게 경험한 자들의 연륜을 그 무엇보다 값지게 여겼기 때문일 것이다. 아직도 로마 원로원의 전통은 이 세상 구석구석에 남아 있다.

그러나 우리는 여기서 한 가지 상기해야 할 것이 있다. 과거 로마 원로원들의 임무는 전통을 수호, 계승하는 일이기도 했지만 시대가 요구하는 인재를 세상에 내놓도록 허가하는 일이기도 했다. 인재가 필요할 때 연공서열을 타파할 수 있는 과감성이 킬러의 숨통을 열어주고 세상에 가능성 하나를 더 제시하는 길임을 명심해야 할 것이다.

정신력만 강조하는 훈련으로는
누구도 이길 수 없다

관성과 킬러 : 킬러는 관성을 거부한다

백과사전 〉 과학 〉 순수과학 〉 물리학 〉 물리학일반

관성 [慣性, inertia]

[요약]

물체가 현재의 운동상태를 지속하려는 성질.

[본문]

타성(惰性)이라고도 한다. 물체가 운동상태의 변화에 대해 저항하

는 성질을 말한다. 관성의 개념을 처음으로 생각한 사람은 갈릴레이였으나, 그 개념은 뉴턴에 의해서 완성되어, 운동 제1법칙으로 정리되었다. 뉴턴 시대 이전에는 물체가 정지상태로 되는 것이 자연스러운 현상이라는 생각이 지배적이었다. 갈릴레오는 움직이는 물체는 마찰력 때문에 결국은 정지하게 된다는 사실을 밝혀냈다.

(중략)

이 세상에는 물리적 관성만이 존재하는 것은 아니다. 사회적 관성이라는 것도 존재한다. 도덕, 규율 등은 바로 한 인간을 그 관성에 흡수시키는 매개체가 된다.

그래서 한 사람이 이러한 관성에 매몰되기 이전인 어린시절에는 누구나 킬러로서의 자질을 보이다가도 성인이 되면서부터는 이러한 본능이 퇴화되어 버리게 된다. 그러나 킬러는 이 공고한 관성의 힘을 뚫고 올라서는 인간이다.

한 사람이 이 관성을 깨고 새로운 방식에 도전하는 데는 무엇보다 용기가 필요하다. 그리고 여기서 이야기하는 용기란 단순히 좌충우돌하며 일어서는 것이 아니라 남들과 다르게 사물을 바라보고 확신에 찬 문제의식을 드러낼 때만 가능한 것이다.

킬러에게 있어서 용기란 곧 세상을 다르게 보는 눈에서 기인한다고 할 수 있을 것이다. 세상을 다르게 보는 킬러들의 행동은 마치 물불 가리지 않는 천둥벌거숭이와 같이 보일 수도 있다. 그러나 달리 보면 이러한 행동들은 킬러들이 자신이 속한 시대와 사회의 가장 취약한 고리를 꿰뚫어보고 그 부분에 혁신을 가하는 역동성에서 비롯하는 것이다. '남다른 눈, 창의적 사고' 야말로 킬러들의 철학이며 모토인 것이다.

누구도 질문하지 못한 곳에서 물음표를 던져라

2002년 월드컵 당시 4강에 진출하여 세계를 놀라게 한 한국팀에게는 히딩크라는 탁월한 리더가 있었다. 그가 보여주었던 리더십은 한국인들이 이전에 경험해보지 못한 차원의 것이다. 하지만 실제로 그가 한국 대표팀의 전술 시스템을 크게 바꾼 것은 아니었다.

아마도 한국인들에게 가장 기억에 남는 히딩크의 훈련 방식은 바로 '파워프로그램' 이라는 이름으로 도입된 '셔틀런' 일 것이다.

'파워프로그램' 덕분에 2002년 한일월드컵 때 한국팀은 전

후반을 쉬지 않고 달리는 체력을 바탕으로 세계적 강호를 연파하며 세계인들에게 강한 인상을 남길 수 있었다. 한국대표팀이 유럽의 강호를 연파하고 4강에 오르자 서구의 기자들은 '약물복용' 에 대한 의혹을 제기할 정도였다.

정상적으로 축구선수들이 런닝을 한 후 정상 맥박으로 돌아오는 데는 약 4분의 시간이 소요된다. 축구시합에서는 약 180번의 폭발적인 순간동작이 연출되는데, 이는 약 30초 이내에 심폐기능이 정상으로 회복되는 능력을 요구하게 된다. 결국 축구선수에게 필요한 체력이란 장기적인 게임을 펼쳐가는 마라토너의 심폐기능과는 전혀 다른 성질의 것이었다.

'셔틀런' 은 약 십여 초 동안 무릎을 높이 올리고 뛰거나 양발을 엇갈려 뛰는 순간동작을 연출한 직후 20미터를 전력질주하는 훈련법이다. 이어서 20~30초간 숨을 고르고 다시 출발선으로 되돌아오는 동작을 되풀이 해 순간적 파워를 극대화시키는 훈련이다. 당시에는 이것이 마치 대단한 선진축구의 훈련방식인 것처럼 여겨졌지만 일본의 J리그에서조차 이미 보편화된 훈련 방식이었다.

그런데 이 훈련이 그토록 효과적이었다면 왜 그 이전의 한국대표팀은 이를 도입할 생각을 못했던 것일까?

사실 '셔틀런'과 같이 순간의 파워를 극대화 시키는 훈련은 복싱선수들에게 있어서는 너무나도 당연하게 받아들여지는 훈련 방식이다. 매 3분간의 한 라운드 동안 전력을 다해 사투를 벌이는 복싱선수에게 있어서 단기적인 파워의 강화는 필수요소였던 것이다.

전혀 새로울 것도 없고 이미 다 알고 있는 훈련법이지만 문제는 그것을 누가 어떻게 적절하게 도입하느냐에 달려 있었던 것이다. 히딩크 이전 한국 축구계에서 체력강화훈련이란 거의 운동장을 수십 바퀴씩 달리는 장거리 훈련방식이었다. 이전의 지도자들은 '축구선수에게 필요한 주력은 과연 무엇인가? 라는 근원적인 질문을 던지시 않고 기존의 훈련을 답습하는 데 그쳤다. 그것이 어쩌면 그들의 한계이자 한국 축구의 한계였던 것이다.

카리스마형 지도자의 한계

왜 그간의 한국 축구지도자들은 지극히 간단한 방식의 혁신도 이루지 못한 것일까?

이 문제를 가지고 한국 축구지도자들에게만 화살을 겨냥한다면 그것은 공정하지 못한 비판이 될 것이다. 대부분의 사람들은 히딩크 이후 국가대표팀 감독으로 부임했던 코엘류가 끊임없이 카리스마 논쟁에 시달리다가 불명에 퇴진한 것을 보며 씁쓸한 기분을 떨칠 수가 없었을 것이다.

국내 축구의 광기를 점검해보자. 우리나라 축구팬들은 국내 축구에 대한 관심은 저조한 반면 국제전만 열리면 모두들 밤을 새며 응원을 한다. 국내 축구가 재미가 없다는 이유를 든다면 궁색한 변명이 될 뿐이다. 심지어 히딩크는 축구대표 감독으로서 가장 힘든 과업은 '인기스포츠인 야구와 싸우는 것'이라고 말한 적이 있는데, 이것은 국내 프로축구 K리그에 무관심한 우리의 단면이기도 했다. 국내 축구에는 그토록 무관심했던 우리가 국가대항 축구시합에는 목숨을 걸고 대표선수들을 다그쳐 왔던 것이다.

일반적으로 우리나라 사람들은 외세에 대한 저항정신을 국가대표 축구선수들에게 투사하며 국제전에서는 죽을힘을 다해 싸워줄 것을 기대한다. 일본과의 경기에서 패하기라도 하면 "정신력이 해이해져서"라며 쉽게 비판의 목소리를 높인다. 국가대표 축구선수들에게 독립전쟁을 수행하는 전사들의 정신을 기대하고 있는 것이다.

이러한 기형적인 축구팬들의 관심은 현재 우리에게 필요한 리더십과는 정 반대의 지도자상을 고수하게 만들었다. 축구팬들은 독재적이고, 권위적이며 선수들을 극한으로까지 몰아가는 감독을 원했던 것이다. 이러한 분위기가 '정신력으로 모든 것을 해내는 선수', '로봇처럼 말 잘 듣는 선수' 를 양산해내는 데 일조했다. 이로 인해 한국 축구선수들에 대한 국제적 평판은 거의 천편일률적이었다. 바로 창의성 없는 기계적 축구를 한다는 평가였다.

권위주의적 리더십에 대한 의존은 뭔가를 이뤄내보겠다는 의지를 고양하기보다는 감독의 명령과 질책에 따라 고분고분 축구를 하려는 선수들을 만들어 냈다. 이로써 감독의 카리스마는 하늘을 찌르고 선수들은 감독의 명령을 충실히 수행해 내는 기계적인 축구선수로 전락해갔다.

내부적으로 상황을 살펴보면 예전 대표팀의 경우 감독이 선수들에게 명령을 하면 이는 그대로 수용되게 되어 있었다. '운동장을 50바퀴 돌라' 거나 '하루 한 시간씩 패스연습을 한다' 는 식의 요구를 해도 누구도 반기를 들지 않았다. 물론 그러한 지도자의 훈련법에 대해 토를 다는 일은 있을 수도 없었다. 하지만 이와같은 수량 위주의 사고는 선수들의 창의성을 제거해 버렸다. 명령하달의 분위기, 앞서 이야기한 군사문화가 난무하는 상황에서 새로운 훈련방법을 실험하고 연구하는 이는 아무도 없었다.

창의적인 시각으로 문제를 바라보자

이를 간파한 히딩크의 훈련법은 남달랐다. 그는 우선 '정신력' 에 매몰된 한국선수들의 경직된 정신자세를 뜯어고쳐야겠다고 다짐했다. 그렇다고 '자신감을 가져라' 고 직접적으로 얘기하지는 않았다. 그는 여우처럼 경기장 안과 밖에서 선수들의 심리상태를 최고조로 올리기 위해 갖가지 아이디어를 짜냈다. 이러한 시도는 도저히 없앨 수 없을 것처럼 보였던 유럽팀에 대한 공포를 극복할 수 있었던 원동력이 되었다.

아직도 한국사회에는 '창의적 사고' 를 죽이고 정신력 타령만 난무하는 것이 현실이다. 책임을 피하기 위해 모난 돌로 살지 않으려는 꼰대들이 넘쳐나고 있다. 히딩크라는 훌륭한 리더를 통해 우리가 경험했듯이 킬러는 정신력만을 강조하는 기계적인 훈련을 통해서 길러지지 않는다. 킬러는 창의적 사고와 새로운 실험을 두려워하지 않는 도전정신을 바탕으로 성장하는 것이다.

사랑도 명예도 이름도 남김없이?
- 승리를 제약하는 비장미의 함정

목숨만 걸고 싸우는 자 VS 승리를 위해 싸우는 자

가끔씩 위기의 순간에 초능력을 발휘한 사람들의 일화를 접하게 된다. 인간 능력의 한계를 거론할 때 자주 언급되는 경우지만 확실히 인간은 어떤 극한의 상황에 도달했을 때 자신의 한계를 극복하는 힘을 발휘하는 것 같다.

동양의 병법 고전인 『손자병법』에서는 이렇게 인간을 극한의 상황으로 몰아넣어 최고의 능력을 이끌어 내는 배수의 진에 대해 언급하고 있다.

그러나 킬러를 육성하기 위해서는 정신의 힘을 과대평가하는 과대망상의 함정 역시 경계해야한다.

오늘날의 시각으로는 이해할 수 없는 일이지만 일본은 태평양 전쟁 당시 도저히 불가능한 전쟁을 도발했다. 전쟁이 끝난 후 일본의 천황이 패전의 이유로 꼽은 것 중 하나가 바로 과학의 힘을 무시하고 정신의 힘을 과대평가했다는 것이었다.

정신의 힘에 대한 과대평가와 유교적 엄숙주의가 결합하면 시도 때도 없이 사소한 일에도 배수진을 치는 비정상적 현상이 발생하게 된다. 우리는 평상시에도 '죽을힘을 다해라' 나 '목숨 걸고 일하라' 라는 식의 얘기를 종종 듣는다. 이것이 한국사회의 전통적인 문화인시, 아니면 일본 군국주의의 잔재인지는 확실히 알 수 없으나 분명한 것은 이런 식의 저급한 리더십이 불행히도 한국사회에 팽배해 있다는 것이다.

벌은 일생에 단 한번 극단적인 자기방어 수단을 사용한다. 벌은 그 필살기를 사용함과 동시에 자신의 삶을 마감한다. 이를 잘 알고 있는 벌은 필살기의 사용을 극도로 제한한다. 인간도 역시 마찬가지다. 극약처방은 자신에게도 해가 될 수 있으므로 조심스럽게 사용되어야 한다. 아무런 유연성 없이 배수진만이 강조된다면 심리 시스템의 과부화로 피로현상만 가중될 뿐이다.

그리고 무엇보다도 한 인간이 비장감에 젖어들어 살다보면 사고의 폭이 굉장히 제한적으로 변할 수밖에 없다. 배수진이란 오로지 앞만 보고 돌격하게 만드는 방법일 뿐 거기서 또 다른 선택은 있을 수가 없다. 사고는 달려나가는 데만 작동하게 되고 뒤에 누가 오는지, 옆에 뭐가 있는지, 돌아갈 수가 있는지 생각하지 않게 된다. 그러나 제2, 제3의 카드를 마련하지 않고 어리석게 돌격하는 행위는 성공과 실패를 운에 맡기는 것과 다를 바가 없다. 그렇다면 이미 성공의 주도권은 자신의 손을 떠난 것이다.

왜 계백은 아내를 죽였는가?

백제는 삼국 중에서도 가장 심미적인 문화를 발달시킨 국가다. 백제가 사라진 것은 심미적 문화의 단절을 가져온 것으로 보아 백제의 망국을 안타깝게 생각하는 사람들도 많다. 그러나 한편으로 생각해보면 백제는 여러모로 그 국운이 다한 나라였다.

단언컨대 백제는 충신열사가 없어서 망한 것이 아니었다.

백제는 킬러가 없어서 멸망한 것이다. 저 유명한 황산벌 전투를 떠올려보자. 백제의 마지막 충신 계백은 오천 명의 결사대를 이끌고 신라군을 맞이하게 된다. 백제의 마지막 왕이었던 의자왕은 이미 나라를 돌이킬 수 없는 지경으로 몰고 갔는데, 이것이 아마도 훌륭한 장수였던 계백을 절망시켰던 모양이다. 계백은 처자식을 베고 적진으로 향한다. 역사의 해석에서는 그의 비장함을 장수의 멋스러움으로 해석하려 하지만 명백히 이야기하자면 그는 전투에 나가기도 전에 이미 패배를 준비하고 있었던 것이다.

계백의 패배를 수적 열세에 의한 불가항력적인 것으로 보는 사람들도 있다. 하지만 당시 계백이 이끌었던 백제의 마시막 결사대는 오천 명이었다. 반면 상대 군사는 이의 열 배에 해당하는 오만 명이었다. 이는 명량해전 당시의 이순신과 비슷한 상황이었다.

계백은 처자식이 살아서 신라군에게 능욕당할 것을 걱정하고 자신의 손으로 처자식을 죽이는 결단을 내린 것이다. 역사는 순수한 충절이 결코 승리의 충분요인이 되지 못함을 보여준다.

반면 김유신의 병법은 무엇이었는가? 김유신은 자신의 후손들이 적군에 의해 능욕당할 가능성을 염두에 두지 않았다. 그는 패할 전쟁이 아니라 승리할 전쟁에 나갔다. 그는 『손자병법』을 활용했다. 『손자병법』은 병사들의 적개심을 분출시키는 것이 승리의 중요한 요건이라고 기록하고 있다. 신라 장수들 입장에서 상대 병사들에게 먼저 한 대 얻어맞은 상황을 연출해야만 할 필요성이 있다고 판단했다.

신라의 장군 김흠순과 김품일은 각각 자신의 아들 반굴과 관창을 백제와의 대치 상태에서 단독으로 출전시킨다. 그들이 살아서 돌아오지 못 할 것이라는 것은 너무나 당연한 사실이었다. 관창의 경우는 특히 나이 어린 소년이었기에 품격 있는 장수 계백은 그를 사로잡아 돌려보내기까지 했다. 그런데 김품일은 자신의 아들을 기어이 다시 적진으로 돌려보냈다. 마침내 아들 관창이 시신으로 돌아왔고 신라의 장수들은 병사들의 적개심을 격발시키는데 성공했다.

또 다른 장군 이순신을 보자. 이순신은 적선 133척이 다가오고 있을 때 "아직 소신에게는 열 두 척의 배가 있사옵니다"라고 장계를 올렸다. 그는 그러한 위기의 상황에서도 자신이 가지고 있는 가능성에 초점을 맞추고 있었다. 당시의 이순신이 처했던 상황은 계백보다 못하면 못했지 결코 나은 상황이 아니었다. 그러나 이순신은 패배를 생각조차 하지 않았다.

당시 이순신의 눈부신 성과에 견주어 생각해보자면, 계백에게 황산벌 전투의 승리는 정말 불가능한 것이었을까? 비록 나당 연합군을 맞이하여 백제의 패망은 피할 수 없었다 해도 황산벌 전투가 마지막이 되지는 않을 수도 있었다.

지난세월 한국사회는 황산벌 전투의 백제군 결사대와 같은 심정으로 매사를 대해왔다. 물론 불가항력적인 상황도 많았다. 하지만 최근 한국 경제의 침체 상황을 돌아보면 결사항전식 생활태도가 그 한계에 이른 것으로 보인다.

'목숨을 바쳐 기업을 구한다' 는 것은 더 이상 상식적인 내용이 못된다. 그러나 여전히 이른바 보수진영의 나이든 세대뿐만이 아니라 80년대의 민수화운농을 수도했다는 진보진영에서도 이런 비장미가 발견된다. 자신들의 모임에서는 비장하기 짝이 없는 과거 운동권 가요를 즐겨 부르고 선거 때가 되면 여지없이 유권자들의 눈물샘을 자극하는 결사항전이 재연된다.

과연 이러한 분위기에서 킬러가 살아갈 수 있을까?

킬러에게는 비장미보다는 발랄함이 필요하다. 비장함으로 사고를 닫기보다는 명쾌함으로 열린 사고를 펼치는 것이 사회를 발전시키는 데에도 더 용이하다. 비장미가 만연하고 단순히 정신력만 들먹이는 세계에서 킬러는 살아남기 어렵다.

실패한 사회의 모토 '금욕주의'

지능형 인간과 본능형 동물

2004년 말 크리스마스 휴가가 끝나갈 무렵 동아시아에 불어 닥친 쓰나미 피해 소식은 전 지구적인 충격으로 다가왔다. 세상은 새로운 세기로 접어들었지만 인류는 여전히 자연재해 앞에서 무기력할 수밖에 없음을 실감해야 됐다.

그런데 이런 자연재해를 겪을 때마다 우리는 재밌는 해외토픽을 접하게 된다. 즉, 우리보다 훨씬 저능한 동물들이 이러한 자연재해를 미리 감지하고 어느새 멀리 도망가 있다는 것이다.

동물들의 초능력은 인간의 입장에서 보면 놀랍기 그지없다. 수천 킬로미터를 지나서 자신의 보금자리를 찾아가는 새들과 물고기들을 보면 만물의 영장이라는 인간의 자부심이 허세가 아닌가 느껴지기도 한다.

"왜 과학문명을 발달시킨 인간이 다른 동물들에 비해서 위험을 예측하는 능력은 현저히 떨어지는 것일까?"

"정말로 인간에게는 그러한 능력이 없는 것일까?"

성공과학이론의 중요한 계보를 잇는다고 평가되는 맥스웰 몰츠는 이 부분에 있어 중요한 힌트를 전해준다. 그는 분명 인간에게도 동일한 형태의 능력이 프로그래밍 되어 있다고 주장한다. 단지 그것이 왜곡된 자아이미지에 의해 가려지고 있을 뿐이라는 것이다.

인간의 본능은 성공을 향해 열려 있다

분명 인간에게는 생존을 위한 프로그램이 내장되어 있다. 갓 태어난 아기는 눈도 뜨지 못하면서도 본능적으로 엄마의 젖꼭지를 찾아 입에 문다. 또한 우리가 원시적이라고 생각했던 문명화 이전의 사회나 혹은 교육받지 못한 할머니, 할아버지들이 보여주는 놀라운 삶의 지혜도 사실은 그들의 육체가 이 세상에 대해 아무런 선입견 없이 노출되어 정보를 주고받은 결과인 것이다.

우리가 성공한 사람들에 대해서 가지고 있는 잘못된 정보 가운데 하나도 이 부분에 관한 것이다. 우리는 그들을 탁월한 이성의 소유자라고 오해하기 쉽다. 흔히 그들을 냉혈한이라고 부른다. 그들의 판단이 몹시 차갑다는 느낌을 주기 때문일까. 하여튼 우리는 철저하게 이성의 작용에 맞추어 움직이는 이들이 성공한다고 생각하는 경향이 있다.

인간의 욕망은 성공을 향해 열려있다

하지만 이러한 선입견과 달리 부자들이나 성공한 자들은 누구보다도 자신의 육체 깊은 곳에서 울려오는 반응에 민감한 사람들이다. 그들은 이것을 보통은 '직관' 이라는 정제된 용어로 표현하곤 한다.

맥스웰 몰츠의 이야기대로 설명하자면 인간의 실패를 부르는 것은 분명 왜곡된 '자아이미지' 이다. 그리고 왜곡된 자아이미지를 형성시키는 것은 끊임없이 자신의 본능적 욕구를 억압하게끔 가르친 인류문명인 것이다.

성공학의 대부 나폴레온 힐은 성공한 사람들이 모두 성적(性的)에너지를 탁월하게 사용할 줄 아는 사람들이었다고 기록하고 있다. 영웅이 호색한들이었다는 설명은 우리에게 결코 낯선 이야기가 아니다. 성적인 욕구, 미식에 대한 욕망, 사회적 출세와 명예욕, 이 모든 것들이야말로 연어가 고향을 찾아오고 철새 떼가 대륙을 가로지르는 것과 같은 강렬한 에너지인 셈이다. 인류사에 남다른 성취를 기록한 인물들은 바로 그러한 자신의 에너지를 긍정적으로 활용한 사람들이다.

타인에게 강요한 금욕의 잣대는 내게로 되돌아 온다

어느 사회나 종교가 사회전체를 압도하고 있던 시절은 암흑기로 기록된다. 중세 암흑기 동안 종교는 인간의 성욕, 인간의 명예욕, 인간의 자유욕을 강하게 억압했고, 그 억압에 저항하는 자는 본보기로 가차없는 '마녀사냥' 을 펼쳤다. 이런 사회에서 우리가 요구한 킬러가 자라길 바라는 것은 마른하늘에서 수박이 떨어지길 기대하는 것과 같다.

비단 종교만이 이런 본능을 억압하는 것은 아니다. 도덕적으로 지나치게 경직된 사회 또한 킬러들의 출현을 억압한다. 강렬한 원리주의적 유교가 지배했던 조선이 바로 이 경우에 해당할 것이다. 이러한 부분의 공통분모를 찾아 표현한 것이 바로 금욕주의이다.

완고한 도덕주의로 무장한 금욕주의는 이 세상에서 가장 독선적인 집단을 만든다. 많은 부를 이룩한 사람과 많은 권력을 가진 사람에게 우리는 금욕주의의 잣대를 들이대고 그들을 비난한다. 그러나 '타인에게 들이댄 금욕의 잣대' 는 어느새 나에게 부메랑이 되어 되돌아오기 마련이다. 부유하다는 이유로 권력이 많다는 이유로 어느 순간 사회로부터 지탄을 받을 때 당신이 그런 문화를 만든 장본인이었다면 당신은 누구를 원망하겠는가.

사족이 될망정 덧붙이고 싶은 것은 우리사회에서 시민단체의 발언권이 커지는 것에 대한 우려이다. 시민단체 중에서도 종교적 신념에 기반한 시민단체가 사회의 도덕성에 대해 지나치게 경직된 잣대를 들이대는 경우를 우리는 경계해야 한다.

얼핏 보기에 시민단체의 발언권 강화는 이 사회의 진보를 위해 긍정적일 거라고 예상하기 쉽다. 그러나 금욕적 시민단체의 발언권 강화는 이슬람 문화권에서 여성의 권리를 억압하는 것과 크게 다르지 않은 진보의 정체를 가져올 수도 있는 것이다.

부자를 혐오하는 자는 부자가 될 수 없다

마키아벨리는 『군주론』을 통해 공인들에 대해서도 사익추구의 권리를 인정해야 한다고 역설했다. 그는 사람들에게 사익추구의 권리를 인정해야 원래 의도했던 공익에 대해서도 더 장기적으로 정진해 나갈 수 있다고 생각했다.

한국사회에서는 정권이 바뀔 때마다 공직자들이 골프를 치는 문제를 가지고 왈가왈부하곤 한다. 이유는 공직자들이 고급스포츠인 골프를 즐기는 것이 부패의 냄새를 풍긴다는 이유일 게다. 그러나 골프가 환경에 미치는 영향에 대한 논의는 차치하고 단순히 골프를 치는 것과 공직자의 비리는 별개의 문제이다. 공직자가 부도덕한 방법으로 돈을 모았다는 근거도 없이 고급스포츠를 즐긴다는 것만으로 그들이 누릴 권리를 제한하는 것은 성급한 일반화다. 그러나 대부분의 사람들은 '골프치는 공직자 = 부패한 자' 라는, 누군가 유포한 거짓 이론을 그대로 받아들이고 있다.

선진국에서는 오히려 공인들의 인간적 결함에 대해서 더 관대하게 받아들이는 경향이 있다. 청교도 국가 미국의 경우 대통령들의 성추문이 결정적인 결격사유로 취급받지 않고 있으며, 일본은 아예 정치인들의 허리 아래의 일은 묻지 않는다는 얘기가 있다.

한국 사회는 아직도 청백리를 이상적인 관료상으로 생각하고 있다. 우리나라에서 싱가폴과 같은 고액 연봉의 관료집단은 현재의 국민정서로 봤을 때 당분간 탄생하기 어려울 것이다. 현재 우리 국민들은 가난한 관료들이 자신의 안위는 돌보지 않은 채 국민들을 위해 헌신해주기를 바란다. 그러나 개인의 안위를 돌보지 않은 이가 어찌 남의 안위를 돌볼 수 있겠는가? 국민들의 요구는 관료집단에 대한 가학적인 요구일 수 있다.

성공하고 싶은가? 네 욕망을 인정해라!

미국은 금주법이라는 전대미문의 금욕적인 법안을 통과시킨 적이 있다. 물론 귀한 교훈을 안겨주며 실패한 정책으로 드러났지만, 이러한 청교도 국가의 종교 지도자들이 부자들에 대해서만큼은 누구보다 개방적이었고 적극적인 지지를 표했다는 사실을 우리는 기억할 필요가 있다.

그들은 가톨릭 신부들처럼 신자들이 죄를 고백하러 찾아올 때까지 기다리지 않았다. 그들은 스스로 찾아다니며 부자가 되는 것은 결코 죄책감을 느낄 일이 아니라는 사실을 열심히 설교했다. 당신의 욕망을 솔직히 인정하고 그것을 충족시키기에 노력하는 것은 신에게도 축복을 받을 수 있다는 설교는 그 이전의 금욕주의와의 한판 싸움과도 같았다. 그리고 그들은 성공했고 자본주의는 꽃을 피웠다.

금욕주의로부터 자유로운 자만이 킬러로 성장할 수 있다. 킬러로 성장한 이는 남의 욕망도 욕망 그대로 인정할 수 있다. 타인의 부와 나의 부를 인정하는 사회에서 킬러는 성장할 수 있는 것이다.

당신을 파괴하는 언어는 버려라

체 게바라 뒤집어 보기

1967년 볼리비아 산중에서 정부군에게 총살돼 이 세상을 떠난 쿠바의 혁명가 체 게바라. 세상을 뜬 지 적지 않은 세월이 흘렀음에도 생생히 오늘을 살고 있는 그는 이 시대의 대표적인 위인이다. 무장투쟁을 필요로 하는 지역은 점점 줄어들고 최근에는 체 게바라가 상업적인 목적으로 이용되고 있다는 비판이 있기도 하지만 이런 흐름과는 상관없이 각국의 젊은이들은 그를 숭배하고 있다.

그가 오늘날의 젊은이들과 함께 살아 숨쉬며 체 게바라 열풍을 몰고 다니는 이유가 뭘까?

첫째는 그가 피델 카스트로와 함께 불가능할 것 같은 일을 가능케 했다는 점이다. 그가 아무리 위대한 영혼이었다 하더라도 혁명을 이뤄내지 못하고 깊은 산속에서 홀로 살았다면 아무도 그를 기억하지 못했을 것이다.

두 번째는 현재까지 권좌에 앉아 있는 카스트로처럼 그 역시도 평온한 삶을 택할 수 있었음에도 스스로 그 모든 것을 버리고 험난한 길을 택해 끝내 숨졌다는 것이다. 대중은 해피엔딩보다도 비극적인 결말에 더욱 빠져드는 속성이 있다. 그러니 카스트로보다 체 게바라의 인기가 높은 것은 어쩌면 당연한 결과일 것이다.

여기까지가 일반대중들에게 널리 알려진 그의 영웅적 기록들이다.

우리는 여기에 새로운 기록들을 덧붙여보자. 그가 인생의 1막을 화려하게 장식하고 2막에 접어들었을 무렵, 그러니까 쿠바의 권좌에서 내려와 2차 게릴라 활동을 시작할 무렵의 손익계산서를 따져보자.

체 게바라가 피델 카스트로와 함께 한 1차 게릴라전은 전설적인 것임에 틀림없다. 여든두 명의 게릴라가 보트를 통해 쿠바 섬에 상륙한 후 미국의 지원을 받는 바티스타 정권을 무너뜨린 것은 골리앗을 쓰러뜨린 다윗 신화의 현대판이나 다름 없었다.

그런데 문제는 그가 카스트로와 결별 후 단독으로 나선 2차 게릴라 활동의 결과다. 사람들은 그가 죽었다는 비극적인 결말만을 인상깊이 기억할 뿐 당시 그가 보여준 역량이 기대 이하였던 것은 간과해 버린다.

첫 번째 게릴라전은 분명 피델 카스트로가 진정한 리더였다. 그 무렵 체 게바라와 그의 무리는 참으로 훌륭한 전사들이었다. 그런데 체 게바라가 리더로 나선 2차 게릴라전은 변변한 승리 한번 제대로 못해보고 실속 없이 희생을 치렀다. 물론 그가 두 번째 게릴라전에 나섰을 때, 그는 이미 세계적으로 너무 많이 알려진 얼굴이었고 미국뿐 아니라 당시의 소비에트연방도 그에 대해 호의적이지 않았다는 국제적 역학관계가 패인으로 작동하기도 했다.

하지만 여기서 한 가지 지적하고 싶은 것은 그 당시 그가 킬러로서는 결코 빠져서는 안 될 치명적 늪에 빠져 있었다는 것이다. 즉, 체 게바라는 '역설의 미학'에 빠져들었던 것이다.

그의 전기를 살펴보면 학창시절 그는 프랑스 작가 몰리에르의 작품에서 다음과 같은 구절을 지속적으로 베껴 썼다고 한다.

"나는 고개를 꼿꼿이 들고 교수대를 올라가는 이 장면에 이르면 힘이 솟는 것 같았다. 비록 내가 그 당사자는 아니었지만, 한줌의 피로써나마 프랑스 땅을 비옥하게 만들 수 있다면, 나는 유린당한 민중을 위해 죽어야 하기 때문에 죽는 것이다."

이렇게 죽음의 미학에 젖어 든 이 청년은 훗날 게릴라활동 당시의 일기와 가족들에게 보낸 편지, 심지어는 마지막 결별을 고하는 피델 카스트로에게 보내는 편지에까지 죽음에의 찬미를 담고 있다.

"⋯⋯혹시 또 다른 하늘 아래서 죄후의 순간을 맞이하게 된다면 나는 마지막으로 바로 쿠바 국민, 특히 당신에게 향할 것입니다⋯⋯"

혹시 그는 볼리비아 정부군의 사살에 의한 자신의 최후를 스스로 프로그래밍하지는 않았을까? 그의 자서전 여기저기에서 그러한 색채들은 분명하게 드러난다. 살아서 권좌의 영광을 누리느니 죽어서 영원한 명예를 얻는 쪽. 그는 현재의 체 게바라 열풍으로 되살아났으니 가히 그의 선택이 틀렸다고만은 할 수 없을 것이다.

패배의 미학을 즐기는 나라, 일본

아마도 이 역설의 미학이 가장 발달한 것은 이웃나라 일본일 것이다.

요즘 유행하는 일본의 격투기 시합 방송을 보면 카메라는 어김없이 시합에 패한 자국 선수들을 선수대기실까지 좇아가서 그들의 얼굴을 화면으로 보여준다. 그때 일본 선수들은 무엇을 하고 있을까? 놀랍게도 그 무식한 사나이들은 여지없이 눈물을 훌쩍이고 있다! 훌쩍이는 사내들에게 변태적이다 싶을 만큼 집요하게 카메라를 들이대는 것이 몹시 거북하게 느껴질 정도다.

이것은 정열의 국가 브라질 선수들이 이종격투기 무대에서 맹위를 떨치는 것과 비교해 눈여겨 볼 점이다. 그들이 패배의 미학을 너무나 즐기고 있는 것은 아닌가 하는 생각이 들게 된다.

이들의 이러한 패배의 미학은 어디서 왔을까?

오늘날까지 일본과 일본인에 대한 캐릭터를 형성하고 있는 것 중 하나는 태평양 전쟁 말기의 가미카제 특공대이다. 물론 당시 가미카제 특공대원 중에는 식민지 조선의 청년들도 포함이 되어 있었기 때문에, 우리는 이 문제를 이국의 신기한 현상만으로 쳐다볼 수도 없는 처지이다.

당시 내선일체라는 허울 좋은 슬로건이 있긴 했지만, 가미카제 특공대는 젊은 혈기의 감수성을 자극해, 식민지 청년들조차도 자발적으로 그 죽음의 행렬에 지원하게 만들었다.

이러한 죽음의 미학은 종종 일본의 국화인 벚꽃으로 상징되기도 한다. 벚꽃은 점차 시들어 꽃망울이 떨어지는 꽃이 아니다. 그것은 환하게 피어올랐다가 그 절정의 순간에 봄날의 눈꽃으로 흩날려져 버린다. 인간의 삶으로 치자면 그것은 요절의 삶이다. 한번 피고 한번 지는 가운데 미련도 없이 꽃잎을 떨구는 벚꽃은 일본인들이 가지는 죽음의 미학을 그대로 표현하고 있다. 그들은 벚꽃의 이런 이미지를 사무라이들에게 투영했다. 그 결과 사무라이의 할복문화가 이어지게 되었는데, 이것은 일본 특유의 '죽음의 미학' 으로 발전하게 된다. 일본에선 예로부터 '꽃은 사쿠라, 사람은 사무라이' 라는 말이 전해진다. 이를 보면 미적 가치관과 생사관이 일치해 있음을 알 수 있다.

사무라이에게 있어 할복이 하나의 명예로 인식되자 자연히 이것이 남용되는 현상이 나타나기 시작했다. 혈기왕성한 젊은 이들이 뚜렷하지 않은 이유로 목숨을 버리는 일이 자주 일어나곤 했던 것이다. 태평양 전쟁 말기의 가미카제 특공대는 일본 특유의 '죽음의 미학' 이라는 전통을 이해할 때 그 진실이 보인다.

1889년 발표된 '군인칙유' 는 바로 그러한 일본식 죽음의 미학이 그대로 표현된 대표적인 예이다.

"의는 산악보다도 무겁고 죽음은 새털보다도 가볍다."

일본은 태평양 전쟁이 절정을 향해 달려가던 1941년 군인칙유에 대해 보충적인 개념으로 보다 상세한 실천적 지침을 완성한다. '전진훈' 이 바로 그것인데, 이를 작성한 과정도 인상적이다. 초안은 군부가 마련을 했지만, 이것을 수정, 보완한 것은 당대의 저명한 학자와 문인들이었다. 당연히 여기에 이런 식의 '죽음의 미학' 이 빠질 리 없다.

"살아서 포로의 치욕을 당하지 말고 죽어서 죄화의 오명을 남기지 말라."

2차세계대전 당시 일본군에 대한 기록을 읽을 때면 일본인들이 참 가엾다는 생각이 저절로 들게 된다. 그들은 이웃나라만 힘들게 한 것이 아니라 자국민들에 대해서도 가혹하기 그지없었던 것이다.

그런데 세계인들을 경악시킨 이 가미카제 특공대가 정말 그토록 위력을 발휘했는지 살펴보기로 하자. 당시 특공방법은 잠수어뢰를 사용한 방법과 항공기를 이용한 방법으로 구분할 수 있다. 그런데 명중률을 살펴보면 잠수어뢰 쪽이 항공기를 이용한 특공작전보다 훨씬 높다. 잠수어뢰는 20% 정도였고, 항공기 특공작전의 경우 그 절반에 불과했다. 처음에 상상을 초월하는 그들의 전투방식에 당황했던 미군들도 점차 그들을 가리켜 바보라고 비웃어댔다.

그리고 마지막으로 특공작전에 투입되었던 병사들이 어떤 사람들이었는지를 보면 마지막, 일본이 패배를 인정했을 때에도 그들의 죽음의 미학에 대한 동경은 결코 사라지지 않음을 알 수 있다.

죽음이 거의 확실시 되는 이 작전에는 일본의 엘리트 상교들은 배제되었다. 명목상 지원병제를 고수하던 이 부대의 주요 충원 루트는 해군의 비행예과 연습생과 학도병들이었다. 그러나 지원자들 가운데서도 사회 특권층이나 장자상속제도에 의해 장남이나 외아들은 종종 면제를 받았다. 그들은 패배가 자명한 순간에서도 그 동안 이어진 죽음의 미학을 버릴 수가 없었다.

한국인들은 2차세계대전 당시 독일의 전쟁 원흉은 누구나 히틀러라고 대답을 한다. 그러나 정작 우리에게 큰 고통을 안겨주었던 일본의 전쟁 원흉이 누구인지에 대해서는 대답이 엇갈린다. 혹자는 히로히토를 들 것이고, 혹자는 일본 군국주의자들을 지목할 것이다. 그러나 일본의 경우, 독일의 히틀러와 같은 특정 인물들에 의해 군국주의로 빠져 들었다기보다는 그 문화에 내재하는 죽음의 미학이 자국민과 이웃나라를 온통 죽음의 잔치에 몰아넣었다고 할 수 있다.

승자는 스스로 승리를 예언한다

현대 서구인들이 말하는 '피그말리온 효과'를 보다 쉬운 한국어로 번역하자면 '자기충족적 예언'이라고 할 수 있다. 이것은 사전 예언이 인간의 행동을 지배하게 된다는 것이다. 일례로 만일 선생이 특정 학생에 대해서 모범생이라는 기대를 가지고 있다면 그 아이는 선생의 기대에 부응하는 행동을 하게 된다. 또 스스로 아침에 콧노래를 부르며 어쩐지 좋은 일이 생길 것 같다고 예상한 날은 실제로 다른 날보다 업무효율이 높게 나타나는 경우가 많다. 바로 이런 것이 '자기충족적 예언'의 효과다.

　그런데 많은 사람들이 체 게바라와 같은 비극적 결말에 현혹되거나 일본 운동선수들처럼 패자에게 쏟아지는 동정 따위에 흔들려 자신이 진정으로 지향해야 할 바를 놓치는 경우가 비일비재하다. 우리는 '피그말리온 효과'의 발현을 위해 스스로에 대해서 긍정적이고 적극적인 이야기를 만들어 낼 필요가 있다. 단순하고 명료한 언어, 승리를 예감하는 언어의 사용은 한 개인이나 사회에 꼭 필요한 덕목인 것이다.

Part 3

킬러들이 선택한 8가지 역할모델

역할모델 1. 칭기즈칸 _ 규칙으로부터 자유로운 자가 게임에서 승리한다 / 역할모델 2. 해병대 _ 스스로 나선 자는 뒤로 물러서지 않는다 / 역할모델 3. 라틴아메리카의 격투기 선수 _ 스승과 적 둘 다에게서 배운다 / 역할모델 4. 유대인 _ 홀로코스트를 견딘 생존의 힘, 유머 / 역할모델 5. 마피아 _ 승자는 강심장을 다스리는 스마트한 머리를 가져야 한다 / 역할모델 6. 게릴라 _ 적군과 싸우는 것보다 중요한 건 아군을 만드는 것이다 / 역할모델 7. 예수회 _ 나는 선택받은 사람이다, 고로 나는 승리한다 / 역할모델 8. 카사노바 _ 지금 여기에 충실하라!

역할모델 1. 칭기즈칸
규칙으로부터 자유로운 자가
게임에서 승리한다

최고의 유목민 몽골리안의 생존법

미래학자들에 따르면 최근 우리의 시대가 정착민들의 시대에서 다시 유목민족의 시대로 변화하고 있다고 한다. 이로써 바람처럼 나타났다 바람처럼 사라진 유목민족들이 새롭게 주목받게 되었다.

더불어 10여 년 전 세기말의 분위기가 무르익어 갈 때, 미국의 유력 일간지 「워싱턴 포스트」는 지난 20 세기에 가장 중요한 역할을 했던 인물로 칭기즈칸을 뽑았다. 최초의 글로벌 제국을 만든 칭기즈칸은 그 이전과 이후의 어떤 정복자도 해내지 못한 거대 제국을 상당히 빠른 시간 동안 건설했던 인물이다.

칭기즈칸은 말발굽이 닿는 곳이면 어디든지 달려가 바람처럼 정복하는 열정을 보였다. 그에게는 많은 승리의 순간이 있었고 몽골리안들은 시대의 정복자가 되었다.

아시아의 농경민족이나 유럽 민족 등에 비해 몽골리안이 가지는 탁월한 전투력에는 몇 가지 이유가 있다. 첫째로 몽골리안은 탁월한 기마술을 가지고 있었다. 기마술을 가능하게 했던 것은 뛰어난 발명품인 등자(승마시 발을 얹는 기구)를 사용했기 때문이었다.

서양에서 등자가 발명된 것은 중세 무렵이었다고 하는데, 그 이전까지 말 탄 기사들은 발을 얹을 곳이 없어 다리를 축 늘어뜨리고 다녔다고 한다. 때문에 각종 순환기 장애를 직업병처럼 갖고 있었다. 그로인해 등자의 발명이 빨랐던 아시아의 유목민족들의 침입에 번번이 당해야만 했다. 또한 그들이 사용했던 활도 그 기능이 매우 훌륭했다. 등자와 활의 사례들을 보면 그들이 단순히 야만인으로 살았다는 현대의 평가는 어찌 보면 그들의 존재가 사라지자 그들을 단순 야만인으로 폄하해 기록한 것이 아닌가 하는 의문이 들 정도이다.

그들의 탁월한 전투력을 설명하는 데 빠뜨려선 안 될 요소가 하나 더 있다. 바로 그들의 전쟁에 대한 철학이다. 몽골리안의 전쟁과 전투에 대한 생각은 정착민들의 그것과는 전혀 다른 것이었다.

산악인에게 "산을 왜 오르느냐?"는 우문을 던지는 경우가 종종 있는데 전문산악인들은 "거기에 산이 있기 때문에 오른다"는 현답을 내놓곤 한다. 이와 마찬가지로 칭기즈칸의 병사들에게 전쟁은 왜 하는가라고 묻는다면 그들의 답은 "그것이 전쟁이기 때문에 한다"이었을 것이다.

몽골고원을 고향으로 한 단순 유목민에 지나지 않았던 몽골인들은 점차 아시아와 중동, 유럽에 이르기까지 공포의 대상으로 변모했다. 당시 그들은 인간세상의 먹이사슬에서 최정점에 존재하는 부류였는데 그들의 잠재력을 깨우기까지 그들을 단련시켰던 것은 바로 그들을 둘러싼 혹독한 자연환경이었다.

몽골에는 강(Gan)이라는 이상기온에 의한 장기간의 가뭄현상이 있다. 이것은 초원의 모든 풀들을 말라죽게 해 가축을 방목해야 하는 유목민들에게는 엄청난 재앙이었다. 이처럼 척박한 몽골의 자연환경에 또 다른 재앙이 있었다. 쪼드(Dzud)라고 하는 겨울철의 혹한이었다.

결과적으로 혹독한 자연환경은 유목민족들에게 방목지의 확보를 두고 생사를 건 전투를 벌이도록 하였다. 그러니까 유목민족들은 자신들의 내부에서 일차적으로 엄청난 생존경쟁을 치러야만 했던 것이다. 따라서 그들이 피할 수 없는 자연재난으로 인해 생사의 기로에 서게 되었을 때 정착 농경민족에게 눈을 돌린 것은 선택의 여지가 없었다. 여기서 '생업은 전쟁이요, 일터는 말 안장 위'라는 유목민들의 이미지가 만들어지게 된다.

칭기즈칸 가라사대,
하나. 게임을 즐기는 자가 승리한다

몽골에 대한 장황한 설명을 굳이 빠뜨리지 않고 한 것은 킬러본능의 원래 의미를 가장 잘 이해할 수 있는 예를 몽골의 칭기즈칸 부대에서 찾을 수 있기 때문이다.

칭기즈칸의 병사들은 강인했다. 그들은 말발굽이 닿을 수 있는 곳이라면 어디든지 자신들의 제국으로 삼았다. 때로는 철갑으로 중무장한 부대를 만나기도 했고 때로는 종교적 열정으로 충만한 적들을 만나기도 했다. 그러나 그들 모두가 칭기즈칸의 병사들 앞에서는 힘없이 무기력한 군대에 불과했다.

칭기즈칸은 대제국을 통치하기 위하여 36개조의 성문법전인 「대사자크」와 더불어 그 자신의 격언인 「빌리크」를 남겼다. 바로 그 「빌리크」에는 칭기즈칸 부대의 성공요인이 고스란히 담겨있다. 「빌리크」의 마지막 30조항을 살펴보자.

쾌락이란 배신자와 적을 모두 죽이고, 그들의 재산을 약탈하며, 그들의 종과 백성들을 소리 높여 울게 해 그들의 얼굴을 눈물과 콧물로 얼룩지게 하고, 그들이 타던 말을 타며, 그들의 처첩과 딸의 배와 배꼽을 침대나 이부자리로 삼아 깔고 누워, 그 붉은 입술을 빠는 데 있다.

이 글을 통해 우리는 칭기즈칸 부대의 강인함이 그 어떤 외부적인 요소보다 그들이 전쟁을 이해하는 방식에서 나왔다는 것을 확인할 수 있다. 그들에게 전쟁은 생사를 건 사투이기도 했지만 그들이 쾌락을 향유할 수 있는 수단, 그 자체를 즐길 수 있는 ‘게임’ 이기도 했던 것이다.

칭기즈칸 가라사대,

둘. 규칙으로부터 자유로운 자가 승리한다

칭기즈칸은 자신의 후손들에게 이런 경고를 남겼다.

"내 자손들이 비단옷을 입고 벽돌집에 사는 날 내 제국이 망할 것이다."

이것은 유목민족인 그들이 정착민들의 안일함에 젖어드는 순간 자신들의 강점을 잃고 말 것이라는 경고였다. 물론 훈족 이래로 바람처럼 등장했다 바람처럼 사라져간 짧디짧은 그들의 역사가 보여주듯이 유목민족들의 승리기간은 그렇게 길지 않았다. 그러나 그들이 몇 번씩 역사의 무대에 다시 등장할 수 있던 것은 그들이 전투의 본질을 잊지 않고 있었기 때문이었다.

유목민족들은 무사도나 기사도와 같은 허구적인 이미지를 만들지 않았다. 그들에게 있어 전쟁은 곧 생업이었으므로, 그 전쟁의 결과인 승리를 위해서는 수단과 방법을 가리지 않았다.

이것은 그들로 하여금 다양한 전술의 개발을 가능케 했다. 우리가 유목민족들에 대해 가지고 있는 야만인의 이미지와는 달리 그들은 고도의 심리전과 정보전을 수행했다.

칭기즈칸이 서하의 탕구트인들을 칠 때의 일화다. 칭기즈칸의 부대가 말을 달려 서하에 당도했을 때 그들은 거대한 성곽과 맞닥뜨렸다. 초원의 전사들인 그들로서는 상당히 난감한 상황이었다. 그때 칭기즈칸은 이런 기발한 제의를 했다. 고양이천 마리와 제비 천 마리를 조공으로 바치면 철군하겠다는 것이었다. 서하의 왕으로서는 얼씨구나 싶은 제의였다.

그런데 원하던 조공을 받아든 칭기즈칸은 고양이와 제비의 꼬리에 솜뭉치를 매단 뒤 불을 붙여 풀어주었다. 꽁무니에 불꽃을 매단 동물들은 각자 자신들의 원래 둥지를 향해 미친 듯이 달려갔다. 서하의 성안에 불길이 치솟았음은 물론이다. 때를 놓치지 않은 몽골군은 성안으로 쳐들어가 원하던 승리를 낚아챌 수 있었다.

이것은 오늘날 현대전에서 사전 선전포고를 발하고 교전수칙을 준수하는 것 따위와는 거리가 멀다. 그 모든 숭고한 사상, 이념 등에서 그들은 자유로웠다. 그러므로 그들이 선택할 수 있는 카드는 무궁무진했다.

바야흐로 국가 단위의 성을 쌓고 있던 정착민들의 시대는 이제 조종을 고하고 있다. 무너져 내리는 성벽 위로 새로운 유목민들의 말발굽 소리가 요란하게 울리고 있다.

중무장했던 중세 유럽의 기사가 몽골의 경기병을 감당해내지 못했던 것을 우리는 기억해야 한다. 이제 두텁고 무거운 전통의 갑옷을 벗어던져야 할 때가 되었다. 분명 이 세계의 승자는 가장 먼저 변화된 룰을 인지하는 사람들이 될 것이다. 몽골 유목민족들의 일화는 이러한 새로운 변화의 시기에 승리방정식이 무엇인지 제시해주고 있다.

역할모델 2. 해병대
스스로 나선 자는 뒤로 물러서지 않는다

언제나 지원자가 넘쳐나는 지옥, 해병대

한국남자들의 술자리에서 빠지지 않는 화제가 바로 군대시절 이야기다. 그런 자리에 우연히라도 끼게 된 여성들에게는 더없이 지겨운 얘기가 될 테지만, 군대이야기는 확실히 듣는 사람을 위한 이야기라기보다는 회상에 젖은 당사자의 감흥 위주로 흘러가는 경우가 많다.

그런데 그렇게 왁자지껄 군대시절을 회고하기 좋아하는 남자들을 침묵하게 하는 강적이 있으니 바로 해병대 출신들이다.

징병제가 실시되는 한국사회에서 해병대 출신들은 참 독특한 존재다. 예나 지금이나 한국의 보편적인 남자들은 가능하다면 군대를 회피하고 싶어하는 것이 솔직한 심정일 것이다. 어쩔 수 없이 군대를 가더라도 조금이나마 덜 힘들고, 덜 위험한 보직을 지원하고 싶은 것 또한 숨김없는 심정일 것이다. 이런 사회적 분위기에서 특정부대가 지원병 제도를 실시한다는 것은 이론상으로는 항상 경쟁률이 미달이어야 옳다. 특별히 물질적인 보상이 주어지는 것도 아니고, 복무기간이 짧은 것도 아니기에 더더욱 그렇다.

그런데 이상한 것은 이 위험하고 힘들기 짝이 없는 해병대에는 늘 지원자들이 넘쳐난다는 것이다. 오히려 지원병들을 추려내야 하는 것이 현실이다. 특이한 것은 해병대를 가족구성원의 전통으로 삼는 사람들까지 있어 부자지간이 전부 해병대 출신인 가족도 상당수에 이른다는 것이다.

보통사람들은 잘 이해되지 않는 선택을 하는 이유를 그들은 무엇이라고 설명할까?

"누구나 해병이 될 수 있다면 나는 결코 해병의 길을 택하지 않았을 것이다."

그들의 답은 간단하고 명확하다.

일반 예비군들이 제대한 후 십 년간 복무했던 지역을 향해서는 오줌도 누지 않는다는 우스갯 소리와 별개로 그들은 전역 후에도 전우들과의 다양한 모임을 이어 나간다. 유별난 자부심을 가진 그들, 이렇게 이해하지 못할 구석으로 가득 찬 그들은 어떻게 만들어졌을까?

대한민국 해병대 약사

해병대는 전쟁의 다급한 순간에 적의 옆구리를 치고 들어가 제2전선을 형성하는 상륙부대다. 상륙작전은 필연적으로 배수진(背水陣)의 상황을 연출하므로 한국뿐 아니라 세계 대부분의 나라에서 이렇게 위험한 작전을 맡는 해병대원들의 존재는 필연적일 수밖에 없었다.

우리가 흔히 해병대를 가리켜 '귀신 잡는 해병' 이라는 별칭으로 부르는데, 그것은 한국인이 붙인 것이 아니라 한국전쟁 당시의 미국 종군기자가 붙인 닉네임이다. 1950년 8월 17일 북한군은 경상도 지역을 제외한 한반도의 대부분을 점령하였다.

이 위기의 순간에 한국 해병대 1개 대대가 경남 통영으로 단독 상륙작전을 감행, 인민군으로부터 점령지역을 탈환했다. 당시 이를 취재한 「뉴욕타임스」의 종군 기자는 한국 해병들의 활약상을 가리켜 "그들은 능히 귀신도 잡을 법했다(They might capture even the Devil)"라는 표현을 썼고 이것이 입에서 입을 타고 퍼져나간 것이다.

한국 해병대의 뛰어난 전투력은 월남전의 객관적인 기록을 통해 다시 한번 확인할 수 있다.

베트공들은 내로라하는 서구의 강대국들과 맞서 싸운 백전노장의 경험이 많은 상대였다. 게다가 적진은 한국과는 자연환경이 판이하게 다른 정글이었다.

한국 해병대가 베트남에 도착한 후 처음 치른 전투는 캄란지구 전투였다. 한국 해병대 청룡부대는 까두산 공략작전을 감행하게 되었는데, 캄란 동북방 4킬로미터 지점에 있는 이 고지는 과거 프랑스의 대규모 부대가 8차에 걸친 탈환 작전을 실시했으나 실패로 돌아갔고, 그 후 수차에 걸친 월남 정규군의 대공세에도 끄떡없이 버티던 철옹성이었다. 그러나 지난 18년간 번번이 적군을 막아낸 적의 아성은 한국 해병대에 의해 단 하루 만에 무너지고 말았다.

이처럼 화려한 신고식을 치른 한국 해병대는 월남전 파병기간 동안 숱한 신화를 창조했다. 그 가운데서도 가장 백미는 아마도 짜빈동 전투였을 것이다.

1967년 2월 14일 밤에서부터 15일 아침에 이르는 4시간여 동안 한국 해병 1개 중대 병력이 월맹 정규군을 중심으로 한 1개 연대병력의 기습공격을 격퇴시켰다. 당시 아군의 전사자는 15명에 불과했으나 적은 243명의 희생을 치러야 했다. 당시 세계 언론은 이것을 월남전 최대의 전과라며 대서특필했다.

목숨을 건 충성은 절대무공에서 나오지 않는다

우리는 이러한 해병대의 무용담 앞에서 다음과같이 생각하기 쉽다.

"아마도 그들은 처음부터 강인한 사내들이었을 것이다."

"강도 높은 훈련으로 그들은 초인이 되었을 것이다."

하지만 해병전우회 회원의 이야기를 들어보면 꼭 이 두 가지 이유에서만은 아니라고 한다. 그들에게는 뭔가 다른 이유가 있었다. 그토록 혹독한 훈련을 견디고 그야말로 혁혁한 공을 세울 수 있게 한 힘은 그네들 마음 안에 있었다.

그들은 해병대 성공의 열쇠를 '내가 선택한 해병대'라고 이야기한다.

육체적으로 강인한 사람들이 많이 있을 수 있지만 자발적으로 나선 그 마음만큼 강한 정신력과 체력은 없다는 것이다.

일례로 이와는 반대가 되는 사례를 대한민국 최고의 고수들이 모이는 대통령 경호실에서 찾아보자. 아쉽게도 한국의 대통령 경호실에는 부끄러운 역사가 존재한다. 1970년대 한국에는 두 번에 걸쳐 행해진 저격을 통해 대통령과 영부인이 유명을 달리하는 사건이 발생한다. 슬프게도 그 모든 현장에는 경호원들이 함께 있었다.

박정희 대통령의 영부인 육영수 여사는 부군에 대한 평가와는 무관하게 국민들로부터 많은 사랑을 한 몸에 받은 사람이었다. 그러나 1974년 육여사가 총격을 당하는 사고가 발생했을 때 당시 연단위의 경호원은 그녀를 막기 위해 튀어나오다 총소리를 듣고 오히려 육영수 여사의 뒤로 몸을 숨기는 모습을 보였다. 그들은 무술의 최고 고수들로 인정받는 청와대 경호원들이었지만 목숨이 오락가락하는 위험 앞에서 몸을 움츠리는 인간의 본능을 여지 없이 드러내고 말았다.

흉탄에 아내를 잃은 불행한 남자, 박정희 대통령은 몇 년 후 똑같은 방식으로 세상을 뜨게 된다. 당시 그의 옆에는 누구보다도 뜨거운 충성으로 그의 눈을 멀게 했던 경호실장이 있었다. 그러나 눈앞의 저격범이 자신을 향해 일발을 발사했을 때 그는 대통령을 남겨두고 화장실로 숨기 급급했다. 그가 다시 화장실 문을 빠끔히 열었을 때 대통령은 이미 저격을 당한 뒤였다. 결정적인 순간 예수를 부정한 베드로처럼 그들은 위기의 순간 자신의 몸을 먼저 살폈다. 이것은 절대무공이 곧 절대적인 충성으로 이어지지 못한다는 것을 보여주는 예이다.

마지막 극한의 순간이 왔을 때 스스로를 완전연소시킬 수 있는 사람은 스스로 자신의 길을 선택한 해병대 같은 인물이다. 건장한 신체와 탁월한 운동신경만을 기준으로 삼았다면 오늘날 한국 해병대의 신화는 없었을 것이다. 진정한 킬러란 스스로 나선 인재이며 스스로 자신을 연소시키는 사람인 것이다.

스승과 적 둘 다에게서 배운다

축구 킬러들의 고향 라틴아메리카

축구에 대해서 잠시 생각해보자. 축구라고 하는 스포츠는 야구와는 달라서 일단 휘슬이 울리고 나면 감독의 지도력은 현저히 줄어든다. 번트 하나, 투수의 구질 하나도 감독의 코치가 가능한 야구와는 달리 축구는 선수 개개인의 판단력과 순간적인 대응능력이 훨씬 큰 비중을 차지한다. 당연히 야구를 좋아하고 장려하는 문화보다 축구를 좋아하고 장려하는 문화가 킬러들을 육성하는 데 훨씬 유리함은 말할 것도 없다.

축구에 있어 유럽과 남미는 양대 산맥을 이루고 있다. 보통 축구의 종주국을 잉글랜드라고 하지만 그 기술에 있어서 잉글랜드가 있는 유럽이 남미에 비해 뒤처진다는 평가를 받고 있다. 유럽축구는 힘을 앞세우고 있지만, 정작 기술적인 면에서는 식민대륙이었던 라틴 아메리카가 우위를 점하고 있다.

물론 기술이라는 것이 팀 차원의 전술, 이해력 등도 따져야겠지만 선수 개개인의 플레이 능력은 남미 쪽이 훨씬 현란하다는 데 이견이 없을 것이다. 그렇다면 축구계 스타들을 탄생시키는 라틴 아메리카의 힘은 무엇일까? 개개인의 선수들을 킬러로 성장시키는 동력은 무엇일까? 남미 선수들의 킬러로서의 진면목을 살펴보도록 하자.

라틴아메리카 들여다보기

아메리카 대륙은 북부의 앵글로 색슨 아메리카와 남부의 라틴 아메리카로 구분된다. 두 대륙은 모두 처음 식민지를 건설했던 식민지 모국의 영향을 받으며 각기 다른 형태로 변화해 나갔다.

북미 대륙은 종교의 자유를 찾아 가족 단위로 이주한 사람들에 의해 개척되었다. 아메리카에 닿은 영국 등의 국민에게 원주민과의 교류는 불필요한 것이었고, 오히려 그들을 축출하고 자신들의 영역을 공고히 해 나가는 것이 중요했다. 북미에 살았던 원주민들은 잉카문명 등을 건설한 남미 원주민들에 비해 문명 수준이 낮았고 수적으로도 많지 않아 개척자들의 손에 의해 힘없이 근거지를 잃고 말았다.

반면 남미 대륙에는 스페인의 왕권과 강력한 교회의 뒷받침을 받은 군인과 선교사, 탐험가 등 독신 남성들이 주로 파견되었다. 다행히 스페인 왕은 원주민들을 그리스도교의 교화 대상으로 삼았기에 북미에서와 같은 혹독한 원주민 섬멸은 이뤄지지 않았다. 황인종이었던 원주민과 백인간의 혼혈은 자연스럽게 이뤄졌고 이 과정에서 현재 멕시코인의 60%를 차지하는 혼혈인종 '메스티조(Mestizo)'가 탄생하게 되었다.

그런데 스페인 왕의 의도와는 달리 백인 정복자들에 의한 원주민의 가혹한 노동력 착취가 발생하기도 했는데 이 때문에 원주민들이 백인들을 피해 오지로 숨는 일도 빈번했다. 뿐만 아니라 백인들이 퍼뜨린 신종 질병(감기, 홍역, 성병)에 대해 전혀 면역력을 갖추지 못했던 원주민들이 떼죽음을 당하자 노동력 충원에 차질을 빚은 백인들은 대안으로 아프리카 흑인들을 데려오게 되었다. 이것은 결과적으로 백인과 흑인 사이의 혼혈인 '물라또(Mulato)', 인디오와 흑인 사이의 혼혈인 '삼보(Zambo)' 등이 출현하게 된 계기가 되었다. 특히 브라질은 초기 개발역사부터 흑인에 대한 편견이 전혀 없는 물라또의 천국이었다.

이후 남미의 여러 나라들은 인종에 편견을 갖지 않는 나라가 되었다. 킬러에게 강조할 수 있는 '개방적 자세'가 이미 문화 속에 뿌리깊게 자리매김한 것이다.

승리를 거머쥐는 개방형 문화의 힘

남미의 개방적 자세가 빛을 발하는 부분은 비단 축구만이 아니다. 브라질은 영원한 월드컵 우승국으로서 축구강국을 자랑해 왔지만 신종 인기스포츠인 이종격투기에서도 두각을 나타낸 지 오래다.

브라질의 개방적인 혼혈문화가 어떻게 한 세대 만에 무술 종주국을 능가하게 되었는지 살펴보기로 하자.

거의 무제한에 가까운 룰로 진행되는 이종격투기 시합에서 현재 가장 강세를 보이고 있는 무술은 종주국 일본산이 아닌 그레이시 주짓주라는 브라질 무술이다. 주짓주(유술(柔術)의 일본발음)라는 이름에서 알 수 있듯이 이 무술은 일본출신 브라질 이주민인 마에다 미츠요[前田光世]에게 그 기원을 두고 있다.

마에다 미츠요는 지방에서 일본 고유의 유도를 익히고 도쿄로 상경, 1882년 창설되어 일본에서도 그 역사가 유명한 강도관[講道館] 유도에 도전해 당시 강도관 내 삼걸로 꼽히는 실력자가 되었다. 이후 그는 해외 각지를 떠돌며 세계 무술 고수들과 대결을 펼치다 브라질에 정착하게 된다. 오늘날의 그레이시 유술은 바로 이 마에다 미츠요의 무술을 받아들인 브라질의 한 가문에 의해 발전한 것이다.

그런데 이렇게 일본인에 의해 이식된 브라질 유술이 어떻게 해서 종주국 일본의 유도를 능가하게 되었을까? 지난 반세기 동안 유도와 브라질 유술이 걸어온 길을 비교해 보면 그 해답을 알 수 있다.

일본의 유도는 1964년 동경올림픽을 계기로 올림픽 정식종목에 선정되게 된다. 일본은 이 대회를 통해 패전국의 이미지를 떨쳐버리고 자국의 대표적 문화상품인 유도를 전 세계에 수

출하게 되었다. 그러나 유도가 스포츠화 되면서 실전격투기로서의 문제점이 드러나게 되었다.

유도는 기본적으로 사무라이들의 생사를 건 결투체험에서 추출된 고전유술에 바탕을 두고 있다. 이는 기본적인 타격기술을 포함하는 종합적이고도 잔인하기까지 한 실전적 무술체계였다. 그러나 창시자 가노 지고로는 유도에서 타격기를 배제하고 위험한 살법들을 제한하는 안전한 대련형태를 지향했다. 특히 투기(鬪技) 종목도 선수의 안전을 최우선 조건으로 하는 올림픽 정식종목으로 선정되기 위해서 매우 제한적인 형태의 기술만을 전수하게 되었다. 이러한 형식주의가 반세기 가까이 지나면서 유도는 고대의 다양하고도 실전적인 기술체계를 상실하는 결과를 가져왔다.

반면 브라질에 이식된 유술은 남미의 개방적인 혼혈문화 속에서 유도와는 정반대의 길을 걷게 된다. 최초에 마에다 미츠요로부터 유술을 전수받은 사람은 오늘날 그레이시 유술의 창시자로 꼽히는 엘리오 그레이시의 형 카를로스 그레이시였다. 어린 나이의 엘리오는 매우 왜소하고 연약한 소년이었다. 어깨너머로 유술을 배우기 시작한 엘리오는 자신의 왜소한 신체적 조건을 가지고도 거구를 제압할 수 있는 기술들을 개발하기 시작했다. 그리고 그렇게 만들어진 기술들을 바탕으로 그는 유파에 구별을 두지 않고 도전자를 받아들였다. 이러한 시합을 거치면서 그레이시 유술은 상대방의 장점을 흡수하게 되었고 유도에서는 사라진 타격기술을 되살렸다. 또한 올림픽 유도에서는 부상의 위험을 이유로 제한된 조르기와 관절기술이 다양하게 개발되었다.

브라질 국민들은 엘리오에게 열광하기 시작했다. 왜소한 그 앞에서 거구의 레슬러, 복서, 카라테 선수들이 모조리 쓰러져 갔다. 한때는 일본계 이주민 유도가의 부탁으로 일본에서 기무라 마사히코가 원정 와 싸우기도 했었다. 1951년 그레이시 유술과 종주국 일본의 유도가 정면으로 맞붙어 4시간에 이른 사투가 이어졌다. 대결은 일본에서 온 기무라가 근소한 승리를 거두기는 했으나 여기서 눈여겨 볼 것은 패배한 엘리오의 모습이다. 엘리오는 한쪽 팔이 탈골되고 대전후 산소호흡기에 의존해야 할 만큼 소진된 상태에서도 끝내 투지를 잃지 않았다.

유도계의 전설로 "기무라 앞에 유도가 없고 기무라 뒤에 유도가 없다"는 말이 있을 정도로 유명했던 기무라는 역도산과 한 조가 되어 프로레슬링을 일으킨 인물로도 유명했다. 불세출의 유도 영웅인 기무라는 유도의 체면치레를 하기는 했으나 엘리오의 불타는 투지를 꺾지는 못했다.

유도의 본고장에서도 승리를 거둔 남미킬러들

그 이후로도 유도는 앞서 언급한 대로 폐쇄적인 길을 걸었다. 다양했던 전통유술 유파가 강도관으로 흡수되어 단일화되었고 기술은 오로지 올림픽 시합에 적용 가능한 것들만 살아남았다. 반면 그레이시 유술은 엘리오의 아들들에 의해 더욱 창조적이고 다양한 기술들이 개발되며 진화해 나갔다. 그레이시 가문의 전사들은 레슬링, 삼보 등 타류의 무술도 깊이 있게 수련하였고 링 위에서뿐만 아니라 거리에서의 스트릿 파이팅도 마다하지 않았다.

반세기의 시간이 흐른 20세기 말에 이르러 사무라이와 브라질리안 간의 재격돌이 벌어지면서 남미의 킬러들은 진가를 드러내게 됐는데 격투기 선수들에게 꿈의 무대라고 하는 일본의 PRIDE 시합에서 브라질리안의 격투기는 완승을 거두었다.

첫 대회에서의 빅 카드는 일본의 영웅 다카다 노부히코와 엘리오의 아들 힉슨 그레이시 간의 시합이었다. 시합은 힉슨의 완승으로 끝났다. 절치부심한 다카다는 2회 대회에서 또다시 힉슨 그레이시에게 도전했지만 결과는 역시 참담한 패배였다. 이후 PRIDE 무대에서는 브라질리안에 대한 복수를 꿈꾸는 사무라이들의 도전이 지속되고 있지만 아직 격투왕국이란 명예를 브라질에게서 빼앗지는 못했다.

개방형 문화의 승리 비결

일본의 대표적인 킬러, 전설적인 검객 미야모토 무사시는 자신의 저서 『오륜서』를 통해 패배를 몰랐던 자신의 전략에 대해 간단히 언급했다. 그는 화려한 형식의 검술은 병법에 오히려 해가 된다고 보았다. 고정된 자세 없이 다양한 무기를 때에 맞게 남김없이 활용하는 것, 이 단순한 원리야말로 그를 숱한 진검승부 속에서 살아남게 만든 동인이었다.

미야모토 무사시의 승리 비결은 일본에서보다 남미에서 그 진가를 드러내고 있다. 남미의 킬러들, 격투기 선수들은 스승이나 아버지로부터 배우기보다 상대로부터 더 많은 것을 배웠다. 그들에게 있어 전통이란 '승리를 위한 것' 이었고, 일체의 모든 것은 열려 있었다.

그들이 최근 격투기 시합에서 보여준 승리는 남미 혼혈국가의 다양성과 개방성이 거둔 문화적 승리나 마찬가지라고 할 수 있다.

홀로코스트를 견딘 생존의 힘, 유머

OO7 제임스 본드 VS 정글의 람보

남자들이라면 누구나 영화 『007』의 주인공 '제임스 본드'를 동경한 시절이 있었을 것이다. 미국식 마초 히어로 '람보'가 과격하고 무식한 이미지를 풍기는 반면, 제임스 본드는 영국신사의 깔끔하고 세련된 이미지다. 물론 여성들이 좋아하는 쪽은 힘의 전형인 람보보다 매너의 전형인 제임스 본드였다.

제임스 본드의 많은 매력 중 남달리 관객의 눈을 사로잡은 것은 위기상황에서 대처하는 그만의 방식이다. 「람보」를 재밌게 봤던 사람들에게 명장면은 무지막지하게 총을 난사했던 장면과 실베스타 스텔론의 우람한 근육을 과하시는 장면일 테지만 「007」을 재밌게 봤던 이들이 기억하는 몇 장면은 손에 땀을 쥐는 위기의 상황에서도 특유의 유머를 구사하며 위기를 극복하는 장면일 것이다. 007에게는 람보에게서 발견할 수 없는 여유가 있었다.

앞 장에서 비장미에 젖어드는 것이 인간의 두뇌를 닫힌 사고로 몰고 간다고 설명한 바 있다. 그렇다면 비장미와 정반대인 유연함으로 사람의 두뇌를 몰고 가는 것은 무엇일까? 그것은 바로 이 장에서 설명하고자 하는 '유머' 이다.

경직된 사회의 경직된 사고, 경직된 사람들

2002년 월드컵 당시 한국 응원단들이 보여준 활기찬 모습이 외국인들에게 무척 인상적이었던 모양이다. 외국인들은 "늘 심각하게 대치하거나 투쟁하는 모습만 보여주던 한국인들이 저렇게 웃기도 하는구나" 하고 생각했다는 보도를 그 당시 자주 접할 수 있었다.

이 소식을 접한 대부분의 한국사람들은 '우리의 웃는 모습이 얼마나 낯선 것인가?'를 생각하고 '외국인들에게 평소 얼마나 경직된 모습으로 비춰졌을까?' 하고 반성을 해보았음직하다. 그리고 우리의 경직성은 어디서 오는가 궁금하기도 했을 법하다.

영화 「서편제」가 대박이 났던 10년 전만 해도 우리들은 한국인의 기본정서가 '한(恨)'이라는 데 누구도 이의를 달지 않았다. 이러한 한의 정서는 한국인의 전통적 정서라는 이름으로 후세대들에게 학습되어왔다. 요즘 십대 청소년들에게야 강요할 수 없을 테지만, 부모세대들은 참으로 끈질기게 자신들의 한을 자식들에게 대물림하려고 노력했던 것 같다. 그러한 한의 정서가 '좋은가? 나쁜가?'라는 문제의식이 결여된 채 말이다.

우리가 알고 있듯이 한국사회뿐 아니라 동아시아 문화에는 전반적으로 비장감을 강조하는 전통이 있다. 80년대의 한국사회를 떠올려보자. 온 사회가 군대처럼 경직되었던 시절, 정통성 없는 정권은 늘 사회 곳곳에 긴장감을 조성하려고 몸부림 쳤다. 긴장감 조성은 국민들을 아주 손쉽게 통치할 수 있는 방법이기 때문이다.

이러한 분위기에서 일과 공부를 즐기면서 한다는 것은 상상하기 어려운 일이었다. 학교와 사회는 거대한 교회 같았고 학생과 사회인들은 기도를 하는 듯한 엄숙함으로 생활해야 했다.

학창시절 얼마나 많은 수업시간들이 고통스럽게 지나갔던가.

이시기 우리에게는 한의 정서가 있었고 그렇게 살았다. 그러나 우리는 너무나 자연스럽게 그러한 분위기를 받아들였고, 그 와중에서 유머와 웃음을 잃고 살아갔다. 하지만 유대인의 역사만 살펴보아도 누구나 우리처럼 살아왔던 것은 아니다. 유대인은 이 세상에서 누구보다도 험난한 세월을 보냈던 민족이었다. 그들은 우리 선조들이 했던 것과는 달리 자손들에게 어둠을 대물림하지 않았다. 유대인들은 그들의 험난했던 과거와는 달리 놀라울 정도로 유머를 잃지 않는다. 프로이트나 아인슈타인 같은 유대인 학자들이 얼마나 유머러스한 사람들이었는지 어렵지 않게 떠올릴 수 있을 것이다. 어쩌면 유대인들이 그토록 다른 민족들에게 두려움의 대상이 되었던 것은 숱한 탄압에도 불구하고 유머를 통해 여유를 잃지 않았던 면모에서 비롯된 것인지도 모른다.

웃음으로 시련을 극복하는 당신의 인생은 아름다워

우리는 길을 가다 예상치 못한 상황에서 넘어지는 이들을 보고 웃음을 터뜨린다. 유머는 상식을 벗어난 뜻밖의 것일 때 생긴다. 되짚어 설명하면 유머는 기존의 관습이 아니라 돌발적인 상황, 창의적인 사고의 산물이다. 그리고 그런 사람만이 타인에게 웃음을 안겨줄 수 있다.

우리에게 작은 센세이션을 던졌던, 1999년 개봉작 「인생은 아름다워」를 떠올려보자. 「인생은 아름다워」는 유대인들의 유머가 눈물겹게 그려진 영화였다.

이탈리아에서 파시즘이 득세하던 1930년대를 배경으로 한 이 영화는 유대인이었던 주인공 귀도가 약혼자가 있는 초등학교 교사 도라와 뜨거운 사랑을 나누던 시절로부터 시작된다. 도라는 유대인이라는 귀도의 결격사유에도 불구하고 그의 끊임없는 유머와 순수한 영혼에 반해 그와 결혼하기에 이른다. 둘은 귀여운 아들 조슈아를 얻고 행복한 시기를 보내게 되지만, 그들 앞에 허락된 시간은 너무나 짧았다. 나치의 유대인 말살정책으로 인해 귀도와 조슈아는 악명 높은 유대인 수용소로 끌려가게 된다.

그러나 죽음의 위기를 넘나드는 위태로운 상황에서도 귀도는 아들 조슈아에게 끊임없이 위트를 던진다. 그는 조슈아에게 그 상황을 하나의 게임이라고 설명한다. 수많은 유대인 동료들이 죽어가는 상황에서도 아버지는 아들에게 웃음을 잃지 않도록 하기 위해 필사적으로 애를 쓴다. 영화의 막바지에 이르러 아버지 귀도는 독일군에게 발각되고 이 모든 상황을 숨바꼭질로 오해한 어린 아들만 웃음을 잃지 않은 채 살아남게 된다.

이 영화는 현실이 암울하기에 더욱 웃음을 놓치지 않으려고 필사적으로 애썼던 유대인들의 모습을 잘 나타낸다.

웃음은 웃을 일이 있어야만 웃는 것이 아니라는 사실을 고통의 극한에 도달해본 사람들은 알고 있었던 것이다. 그러나 우리의 학창시절을 기억해보면 유머에 남다른 재주가 있는 친구들이 오히려 선생님들이나 친구의 부모님들로부터 환영받지 못했다. 인생의 어려운 순간에 맞닥뜨렸을 때 웃음으로 극복하기 보다는 고통을 짊어지고 비장해지기를 강요하던 바로 그 시절에 이미 킬러들은 토양을 잃고 사라져 갔던 것이다.

엄숙주의를 극복하는 유머의 힘

또 하나의 예로 움베르토 에코의 소설 『장미의 이름』을 기억해보자. 유대인들과 같이 구약성경을 섬겼던 기독교인들은 유대인과 달리 유머를 금기시하고 엄숙주의에 빠져들었다.

기독교적 엄숙주의의 수호자 호르헤 수도사는 웃음은 천박하고 사악하며 인간의 영혼을 타락시키는 것으로 생각했다. 그런 그에게 있어 인간중심의 문명을 일구었던 그리스 철학자들의 웃음에 대한 긍정적 인식은 위험하기 짝이 없는 것이었다. 아리스토텔레스는 그의 저서『시학』제2권에서 웃음의 미학에 대해 서술하고 있는데, 호르헤 수도사는 그 책을 읽은 모두를 신의 의도를 반하는 자로 생각하였다. 순결하고 성스러운 세상의 실현을 위하여 그는 웃음의 비밀을 눈치 챈 자들을 하나 둘씩 독살해 나간다. 이와 같은 미스터리 구조의 이야기는 기독교의 엄숙주의가 얼마나 폐쇄적인가를 드러낸다.

엄숙주의와 비장미가 사고를 경직시킨다. 따라서 유머와 유연성이야말로 킬러들이 가져야 할 자세라 할 수 있다. 유머와 유연성만이 엄숙주의와 비장미로 킬러들을 억압하는 이 사회의 폐쇄성을 해체할 수 있는 방법이기 때문이다.

역할모델 5. 마피아
승자는 강심장을 다스리는 스마트한 머리를 가져야 한다

마피아 생존의 법칙

현재 미국사회에서 가장 악명을 떨치는 갱은 베트남 출신이다. 어려서 혹독한 전쟁의 참화를 겪고 보트에 의지해 망망대해를 떠돈 경험이 있는 그들에게 사람의 피를 보는 것은 너무나 익숙한 일이었다. 그러나 베트남 갱들이 태생적으로 갱으로 살아남기 좋은 여건을 가지고 악명을 떨쳤다고 해도 '강력한 범죄 집단'을 만드는 데는 실패했다.

가장 악명 높은 베트남 출신 갱들을 제치고 가장 영향력 있는 갱으로 꼽히는 조직이 바로 마피아이다. 마피아라는 명칭은 오늘날 범죄조직의 대명사가 되어버렸다. 당초 시실리 출신의 범죄자를 뜻하는 하찮은 용어 '마피아'가 세계 최고 범죄 조직의 대명사로 바뀌게 된 역사를 간략히 살펴보자.

공식적으로 시실리 마피아가 기회의 땅 아메리카에 신고식을 치른 것은 1890년경이었다. 그러나 그들이 도착하기 오래전부터 아메리카에는 유대계와 아일랜드 갱들이 터를 잡고 있었다. 민족적 동질성을 바탕으로 한 만만찮은 라이벌들이 뿌리를 내리고 있는 상황이었다. 유대인들의 저력이야 유명한 사실이지만, 아일랜드인 또한 응집력과 근성에 있어 서구사회에서는 독특한 브랜드를 형성하고 있는 민족이었다. 후발주자인 시실리 마피아들이 이들을 제압하려면 조직력과 부를 뛰어 넘는 그 무엇이 필요한 상황이었다.

결론부터 이야기하자면 시실리 마피아들은 고대 중국의 병법가 손자가 말한 '싸우지 않고 이기는 법'을 터득해 유대계와 아일랜드계 갱들을 물리쳤다.

마피아 보스들은 무턱대고 살인하는 것은 치기어린 행동에 지나지 않으며 그 같은 행동은 결국 화살이 되어 자신에게 돌아온다는 것을 너무나 잘 알고 있었다. 마피아의 고향인 시실리

인들은 이웃과의 갈등상황에서 고도의 은유를 사용하는 경우가 많았다. 마피아의 유명한 협박방식, 애완동물의 신체를 훼손한다거나 참혹한 그림을 배달해 살인을 암시하는 방식은 그런 전통에서 나온것이다. 마피아 조직은 이와 같은 방식으로 피를 보지 않고 목적을 달성할 수 있었다. 미국에 갓 이주한 마피아들은 이 전법만으로도 세를 확장해 나갈 수 있었던 것이다.

완전범죄를 꿈꾸는 마피아의 살인법

잠깐 영화 이야기로 들어가 보자. 마피아를 그린 영화의 주요 시대적 배경은 미국에 금주법이 시행되던 시기다. 당시 완벽주의를 추구하는 마피아들은 머리에 총구를 갖다대고 확실하게 확인사살을 하는 방식으로 살인을 했다.

그러나 이러한 마피아식의 살인은 그것이 100% 성공의 확신을 줄 때만 저질러졌다.

사람을 죽이는 것만 목표로 한다면 살인현장은 자신의 지문을 비롯한 온갖 증거들로 가득 차게 될 것이다. 그래서는 완전범죄를 실행할 수 없었다. 이에 마피아들은 저격수의 무사귀환과 더불어 희생양까지 만들어 두는 완전범죄를 계획하고 실천했다.

마피아들의 살인 방식은 크게 두 가지로 구분된다.

하나는 '컨포메이션(confirmation)' 방식이다. 이것은 상당히 예외적인 경우지만 무력시위의 필요성이 있을 때, 사용하는 방식이다. 침묵의 맹세 '오메르타(시실리 섬에서 행해지는 문제해결방식으로, 외부적으로 관리나 경찰에게 공개하지 않는다는 맹세)'를 깨고 마피아의 실체를 대외적으로 공개하는 경우인데, 이는 대외적 경고가 필요하다고 판단될 때 자주 사용된다. 이것은 분명 무력시위의 의도로 사용되는 것이기 때문에 시체를 만인의 눈에 띄는 곳에 방치해 놓는다.

그러나 가장 빈번하게 사용되는 것은 그들의 은어로 '커뮤니온(communion)'이라 불리는 방식이다. 이것은 사람들 눈에 띄지 않도록 사체를 없애버리는 것이다. 빈번히 사용되는 것은 뉴욕이나 로스앤젤레스와 같은 해안가에서 쇠창살로 작은 감옥을 만들어 사체를 집어넣고 바다 속에 수장시키는 방식이다. 시체를 덜 마른 공사현장의 콘크리트에 묻거나 분쇄기를 통해 가루를 만드는 방법도 자주 사용되었고 합법적으로 매장허가를 받은 관에다 몰래 또 다른 시신을 집어넣는 방식도 있었다.

이렇게 사체 자체가 사라져 버릴 경우, 경찰은 실종으로 처리하게 되고 사건은 영원히 미궁 속으로 빠져들게 된다.

시카고의 제왕이 된 알 카포네의 비하인드 스토리

다음은 이탈리아계 마피아가 경쟁 관계인 아일랜드 갱을 어떤 식으로 물리쳤는지 살펴 보도록 하자.

미국 금주법 시대에 마피아 갱의 대명사로 전 세계적 유명 인사가 되어버린 알 카포네가 시카고를 통일하고 보스로 올라서게 된 일화다.

아일랜드 갱과 이탈리아 갱은 1920년대 중반 제로섬 게임에 돌입하게 된다. 당시 아일랜드 갱들은 그 강렬한 민족적 성향에 걸맞게도 톰슨 서브 머신건이라는 신무기를 최초로 도입, 대담한 공격을 감행했다. 톰슨 서브 머신건은 분당 800발 연사가 가능한, 당시로서는 획기적인 신병기였다. 이때의 무자비한 공격으로 시카고의 이탈리아 마피아 보스였던 토리오는 중상을 입고 알 카포네에게 전권을 넘겨준 뒤 은퇴하게 된다. 어차피 조용히 물러나지 않았더라면 아일랜드 갱에게 당하기 전에 알 카포네에게 당할 것이라고 그는 예상했던 것이다.

젊은 보스가 들어선 이후에도 아일랜드 갱들의 톰슨 머신건을 이용한 공격은 멈추지 않았다. 지루한 전쟁이 계속되던 중 마침내 알 카포네는 그들을 재기불능의 상태로 빠뜨릴 것을 결심한다. '레드 발렌타인 데이'란 이름으로 전해져 내려오는 피의 전주곡이 울리기 시작했다.

이탈리아 갱들은 우선 아일랜드 갱단의 본거지를 한눈에 살필 수 있는 인근 아파트를 임대했다. 적정을 완벽히 염탐한 뒤 그들은 다음과 같은 순서로 시나리오를 펼쳤다.

우선 그들은 제3의 조직을 통해 밀주를 아주 저렴한 값에 팔겠다는 제안을 했다. 거절하기 힘든 제안에 아일랜드 갱들은 예상대로 자신들의 창고에서 그것을 인수하기로 했다. 그러자 이탈리아 마피아는 준비한 대로 두 벌의 경찰복을 입힌 히트맨(저격수)과 사복경찰 분장을 한두 명의 히트맨, 총 네 명을 두 대의 차량에 나눠 싣고 현장을 급습했다.

요란한 사이렌 소리를 울리며 현장에 들이닥친 경찰 분장의 히트맨들에게 아일랜드 갱들은 고분고분히 무장해제에 응했다. 이윽고 그들이 벽을 향해 돌아서는 순간, 사복 경찰로 분장했던 한 히트맨의 코트 안에서 적들이 애용하던 톰슨 머신건이 나타났다. 이윽고 수백발의 총성이 울려 퍼졌다.

이 요란한 소리를 듣고 몰려든 구경꾼들은 곧 두 명의 정복을 한 경찰관이 두 명의 용의자로 보이는 갱들을 체포해 경찰차로 출발하는 모습을 볼 수 있었다. 물론 이 시간에 알 카포네는 시카고에서 멀리 떨어진 플로리다의 별장에서 변호사와 통화를 하며 완벽한 알리바이를 만들고 있었다.

다음날 신문에는 목격자들의 증언을 통해 경찰이 아일랜드 갱 7명을 사살했다는 헤드라인이 떴고 당국은 이를 확인하느라 부산을 떨어야 했다. 모든 사건의 혐의가 알 카포네에게 쏟아졌지만 결국 확실한 증거는 잡을 수 없었다. 바야흐로 알 카포네가 전 시카고의 암흑 황제로 떠오르는 순간이었다.

다혈질의 저돌성은 똑똑한 머리를 앞서지 못한다

마피아들이 적의 섬멸을 위해 즐겨 사용하는 방식은 더블 컨트랙트(double contract) 방식이다.

이것은 말 그대로 이중으로 계약이 맺어져야만 가능한 방식이다. 이를 위해서는 어리숙한 히트맨이 우선적으로 필요하다.

1차 히트맨에게는 두 가지의 소임이 있는데, 하나는 히트 그 자체이며 또 하나는 모든 죄를 뒤집어쓰고 죽어주는 것이다. 그러기 위해서는 이 모든 시나리오를 눈치 채지 못할 만큼 적당히 머리가 나빠야 한다는 것도 주요한 자질이었다.

더블 컨트랙트의 대표적 사례는 바로 존 케네디의 암살이다. 분명 리 하비 오스왈드라는 이름의 청년이 존 케네디의 암살자라고 만천하가 알고 있지만 오늘날 미국인 가운데 케네디 암살이 오스왈드의 단독 범행이라고 믿는 사람은 아무도 없다. 이 암살과정에서 미국의 정보기관도 공범으로 알려졌는데 오스왈드는 바로 미국 CIA의 골수 요원이었다는 데서 그 근거를 찾을 수 있다. 오스왈드가 얼마나 충직한 요원이었는지는 그의 소련망명에서 드러난다. 그는 상부에서 냉전 당시 미국의 최고 적국인 소련으로 망명을 명하자 즉각 실행에 옮기는 행동파였다. 사건 종결 후 미국에 역 망명해 지내고 있었던 그는 그 단순한 충직함으로 인해 1차 히트맨으로 낙점되기에 이른다.

실제 달라스에서 케네디를 저격했던 팀은 모두 세 팀이었다. 그들은 한 팀당 각기 사수와 부사수 총 여섯 명으로 구성되어 있었다. 이렇게 정교하게 구성된 저격사건에서 실제로 오스왈드가 맡았던 것은 적당한 시간에 미리 짜놓은 대로 체포되는 것뿐이었다. 경찰은 사건 발생 후 불과 한 시간여 만에 그를 체포했는데, 정작 이틀 뒤 그가 암살당할 때까지 아무런 조서도 꾸미지 않고 있었다. 여기까지가 미국 정보기관의 임무였다. 그리고 나머지 마무리는 마피아의 몫이었는데, 또 다른 킬러를 이용해 오스왈드라는 유일한 증거물을 완전히 잠재워 버리고 말았다.

이처럼 그 실제 범죄 방법 자체가 너무나도 영화적이었던 마피아들은 새로운 세기가 시작된 현재에 이르기까지도 그 독보적인 위치를 차지하고 있다. 더블 컨트랙트에 있어서 1차 킬러와 이들을 이용한 후 제거하는 2차 킬러 사이의 자질과 안목이 암흑세계의 진정한 승패를 가르는 요인이 된다.

물불을 가리지 않는 저돌성, 시한폭탄처럼 언제라도 터질 준비가 된 다혈질, 이러한 것들을 많은 사람들은 성공을 향해가는 킬러의 조건이라고 생각한다. 하지만 그것은 어디까지나 미끼의 자질에 불과하다. 누구 못지않은 강심장을 가지고서도 그것을 적절하게 컨트롤 할 수 있는 스마트한 머리가 없다면 한 사람의 킬러는 결코 태어나지 못한다. 시실리 마피아들은 바로 강심장에서가 아니라 스마트한 머리에서 앞서 나갔기에 암흑가의 제왕이 될 수 있었던 것이다.

역할모델 6. 게릴라
적군과 싸우는 것보다 중요한 건
아군을 만드는 것이다

마음을 훔쳐 전쟁에 승리하는 게릴라들

소수정예가 다수를 상대해 싸우는 게릴라전법은 기독교 국가들이 기사도 정신에 입각해 정정당당한 전쟁을 펼친다는 허구적인 생각에 사로잡힌 전략에 비해 아시아에서 빠르게 발전해왔다.

근대 역사에서 가장 빛나는 게릴라전의 역사는 아마도 모택동의 홍군에게서 찾아볼 수 있을 것이다. 모택동은 젊은 시절부터 『손자병법』과 『도덕경』 같은 중국의 고전을 열심히 탐독하였는데, 이것이 밑거름이 되어 뛰어난 전략가가 될 수 있었다고 한다.

고대 중국의 병법들은 소규모 부대에 의한 기습, 매복, 심리전 따위를 주요한 전술로 설명하고 있다. 그러나 이러한 게릴라전의 전술보다 고대의 전법서가 더 강조한 것이 있었는데, 그것은 바로 '마음을 훔치는 법'이었다. 『손자병법』의 저자 손무 이래로 중국의 탁월한 전략가들은 결코 기습과 매복 등에 의한 군사적 전략만으로는 천하를 얻을 수 없음을 강조했다. 그들에게 있어 천하를 쥘 수 있는 궁극적인 방법은 민중의 마음을 얻는 것이었다.

단순한 기습공격이라면 마피아들도 뒤지지 않을 것이고, 해병대와 같은 정규 특수부대도 기동성에 있어서는 둘째가라면 서러워할 것이다. 그러나 앞서 말한 게릴라들은 그와 같은 킬러로서의 자질에 '마케터로서의 능력'을 겸비했다고 볼 수 있다. 그들의 성공이 여기서 왔다고 해도 과언이 아닐 것이다.

모택동은 젊은 시절부터 시작된 그의 유격전 생활을 통해 다음의 규율을 확립했다.

- 3대 규율 -

1. 모든 행동은 지휘에 복종할 것.

2. 인민의 바늘 하나, 실오라기 하나라도 훔치지 말 것.

3. 모든 전리품은 조직에 바칠 것.

– 8항 주의 –

1. 말은 친절하게 할 것.

2. 매매는 공평하게 할 것.

3. 빌려온 물건은 돌려줄 것.

4. 파손한 물건은 배상할 것.

5. 사람을 때리거나 욕하지 말 것.

6. 농작물을 해치지 말 것.

7. 여자를 희롱하지 말 것.

8. 포로를 학대하지 말 것.

오늘날 기업에서 교육을 담당하고 있는 부서의 직원들이라면 모택동이 정한 위의 규율이 얼마나 탁월한 것인지 쉽게 눈치 챌 수 있을 것이다. 대부분 게릴라전의 지휘자들은 부대원들을 교육시키기 위해 지휘자 자신부터 부대원들의 마음을 훔치는 도둑이 되려고 노력했다. 모택동이나 베트남의 호치민 같은 아시아의 탁월한 게릴라 지도자들은 모두 이 부분에서 동일한 면모를 보였다.

그들은 병사들의 옆으로 다가와서 그들과 같은 음식을 먹고 똑같은 옷을 입고 같은 잠자리에서 잠드는 것을 꺼려하지 않았다. 이러한 행동이 인간관계를 수직적으로 파악하는 데 익숙한 유교문명권 사람들에게 어필한 영향력은 지대한 것이었다. 그들에게 훈련받은 군인들 또한 민간인들에게 같은 마음을 보였을 것이고 그들이 천군만마와 같은 후원을 받았을 것은 자명하다.

때와 장소를 초월하는 게릴라 마케팅의 법칙

게릴라전에서 '마음을 훔치는 것'이 얼마나 중요한 것인가를 확인해볼 수 있는 또 하나의 사례는 피델 카스트로와 체 게바라의 쿠바혁명 과정이다. 체 게바라는 그 스스로 게릴라전에 대해서 아주 명료한 정의를 가지고 있었다. 체 게바라는 게릴라전에 대해 '독재세력과 외부지원세력 대 전투적 전위부대가 이끄는 민중의 전쟁'이라고 즐겨 말했다. 게릴라의 핵심적인 능력은 바로 민중들의 지지를 끌어내는 일이었다. 그는 게릴라란 단지 민중의 마음을 움직이는 촉매에 지나지 않는다고 생각했다.

이러한 쿠바 게릴라전의 경험은 다음과 같은 단계적 실천사항을 낳았다.

활동영역을 넓혀 나가는 게릴라들은 끝내 승리하리라는 것이 체 게바라의 믿음이었다.

어떻게 보면 킬러는 참 고독한 존재이다. 게다가 킬러는 항상 두려움의 대상이기 쉽다. 한 사람의 킬러가 탄생하기 위해서는 수많은 기존의 장애물들을 통과해야만 한다. 이 장애물들을 무사히 통과하고 생존에 성공한다면 그때부터는 적극적으로 기존의 권위를 파괴하고 자신의 영역을 넓혀가야 한다. 규칙을 깨뜨리고 자기중심적으로 판단하는 그들에게 세상은 늘 적대적일 준비가 되어 있다. 이런 상황에서 그들이 생존하고, 활동영역을 넓히고, 이윽고 세상과 생사를 건 한판 대결을 벌이기 위해서는 주변의 모든 것들이 자신의 우군이 되어주지 않으면 안 된다. 게릴라들의 일화는 킬러로의 변신을 꿈꾸는 자들에게 세상의 마음을 훔칠 수 있는 비결을 제시해주고 있다.

나는 선택받은 사람이다, 고로 나는 승리한다

세계 최강의 세일즈맨들

중상주의 시절 제국주의의 제3세계 침략 공식은 일정한 패턴이 있었다. 상선이나 군함에 앞서 항상 선교사들이 먼저 진출한다는 것이었다. 선교사들의 앞선 해외 진출을 그저 열렬한 신앙심의 발로라고만 해석한다면 그건 큰 오해이다. 정보통신이 발달하지 못했던 수세기 전 그들은 그 어떤 집단보다도 앞선 해외문물에 대한 정보를 갖춘 조직이었다. 게다가 단순히 유형의 상품을 판매하는 상인들이나 신무기를 들고 쳐들어가 전투를 치르는 군인들보다 종교라는 무형의 상품을 팔고 성경을 무기삼아 개종이라는 문화전쟁을 수행했던 선교사 개개인들의 자질은 월등히 앞선 것이었다.

이것은 식민지개척에 혈안이 되어 있던 국가의 정부에게는 선교여부의 결과에 상관없이 좋은 기회를 제공했다. 선교의 성공은 바로 문화상품의 수출을 의미했고 다른 상품의 판매루트 개척을 가장 손쉽게 이룰 수 있는 방법이었고, 만일 선교가 여의치 않아 문화적 충돌로 선교사들에게 위험이 닥칠 경우 그것을 구실로 무력침공하면 그만이었기 때문이다.

이에 선교사들은 국가의 후원을 받으며 세계 각지로 퍼져나갔다. 이 시기 예수회 선교사들은 발군의 면모를 과시했는데 그들에게는 다음과 같은 특징이 있었다.

첫째, 그들은 당대 최고의 지식근로자 집단이었다. 예수회는 로마교황청을 위협하던 종교개혁에 대응하는 가톨릭의 혁신운동이었으므로 개신교도들을 포함, 전 세계를 대상으로 선교운동을 펼쳤다. 그들은 필연적으로 해당국가의 언어, 문화 등에 정통한 인재들을 양성해야 했다. 가톨릭수도원은 당대의 고급 지식이 전수되는 기관이었으므로 그들은 최고의 인적자원을 양산해 낼 수 있었다.

둘째, 기독교라는 종교자체의 특성에서 기인하는 요인으로 그들은 고도의 효율적인 시간관리를 하고 있었다. 불교나 힌두교와 같은 동양종교는 내면을 지향하는 속성과 더불어 순환적인 세계관을 가지고 있다. 이는 그들이 카스트제도와 같은 현세의 부조리한 사회제도에 순응케 하는 결과를 낳으며 사회발전에 걸림돌이 되었다. 이에 비한다면 기독교의 직선적인 시간관은 현세에서의 삶에 끊임없는 긴장을 형성하였고 이것이 효율적인 시간관리의 형태로 나타나게 되었다. 벤자민 프랭클린 이래로 현대의 스티븐 코비에 이르기까지 현대 미국인들의 시간관리에 대한 강박증적 태도는 바로 여기서 기인하는 것이다.

셋째, 그들은 인간관계에 대한 특출난 테크닉을 가진 리더였다. 선교사들이 현지에서 수행해야 할 임무는 기본적으로 사람을 낚는 어부의 역할이었다. 문화가 상이한 지역에서 원주민들을 대상으로 전도사업을 펼치기 위해서는 고도의 리더십이 요구되었다. 그들은 때로는 하층민들을 대상으로, 때로는 왕족이나 귀족들을 대상으로 현지 사정에 맞는 가장 효율적인 마케팅을 전개해야 했다. 이는 무력에 의지하는 군인들에게서는 기대할 수 없는 리더십 프로그램을 양산하게 했다.

예수회 선교사들만이 가진 경쟁력이 어떠한 것이었는지 사례를 통해 살펴보자.

우리에게 『천주실의』의 저자로 익숙한 마테오 리치는 이탈리아 예수회 소속 선교사였다. 그는 당시 예수회 선교사들이 대체로 그러하듯이 인문학과 최신의 과학적 지식에 정통한 인물이었다.

마카오를 통해 중국 북경에 도달한 그는 우선 철저하게 현지화를 실천했다. 이름을 이마두(利瑪竇)라는 중국식으로 고치고 복식을 처음에는 불교의 승려복으로 나중에는 사대부 공략을 위하여 유학자의 것으로 갈아입었다. 그는 또 성경을 가르치기 전에 스스로가 철저히 중국 고전을 공부했다. 이미 중국에 대해 철저히 간파한 그가 저술한 『천주실의』는 같은 한자문명권이었던 조선의 자생적 가톨릭 성립에까지 기여하게 된다.

그는 또 더욱 효율적인 선교를 위한 전략적 마케팅을 구사하였다. 당초 많은 대중들을 대상으로 선교를 하려 하였으나 곧 중국이 엄격한 신분제 사회임을 깨닫고 사대부계층을 적극 공략하기 시작했던 것이다. 그의 해박한 서구지식들은 중국의 상류층들에게 전달되어 크게 어필하였는데 그 가운데는 자명

종과 해시계, 세계전도 등이 포함되어 있었다. 이는 결과적으로 중국인들의 세계관을 새롭게 바꾸는 계기가 되었다.

예수회 힘의 근원, 미션

오늘날 거대 기업집단이 새로운 시장을 개척하기 위해 쏟아붓는 마케팅과 이들 일개 선교사의 경쟁력을 비교해본다 해도 미셔너리(missionary)의 값어치가 크게 뒤지지 않으리라는 평가도 있다.

우리는 이와 같은 예수회 선교사들의 눈부신 역량에 대해 그 근원을 정확히 인식할 필요가 있다.

유대교에는 선교라는 것이 없다. 그들은 선민의식을 갖고 그 사회 안에서 살았다. 선민의식은 고스란히 유대민족만의 것이었다. 너도 나도 다 선택받은 존재라면 선민의식이라는 것이 아무런 의미가 없었기에 그들은 폐쇄주의의 길을 걸었다. 그런데 기독교도는 유대인들만의 선민의식을 세계 전체로 확대시켰다. 교회만 나가면 누구나 하늘의 선택받은 아들딸이 될 수 있다는 생각은 구약을 뛰어넘는 신약의 혁명적인 의식전환이었다.

그렇게 선택받은 기독교도에게는 하늘의 사명이 주어지게 되는데, 그것을 미션이라고 부르며 미션을 실천하는 자들이 곧 미셔너리인 것이다. 그런데 예수회에서는 자신들의 미션을 확인할 수 있는 독특한 훈련시스템을 두고 있었다. 그것은 다름 아닌 '영신수련' 이었다. 영신수련은 예수회에 입회한 회원들이 30일간 실천하는 자아인식의 과정을 말한다. 마치 불교의 동안거나 하안거를 연상시키기도 하는데 이 기간 동안 그들은 가족, 친구, 동료들과 일체의 접촉을 삼가고 매일 네댓 시간 동안 홀로 남겨진 자신과 대면해야 한다. 영성에 관련된 책이 아니면 읽지도 않았고 식사 중에도 대화를 나누는 법이 없이 길고 고독한 침묵의 시간이 이어진다. 이 기간 동안 인식하게 된 자신의 자아는 대부분 선민의식에 가깝다. '나는 선택받은 사람' 이라는 믿음은 그들이 숱한 고난을 불굴의 의지로 이겨낸 원천이 되었고 그들의 미션을 수행할 수 있는 힘이 되었다.

이 영신수련은 예수회의 세계 진출과 함께 각국으로 퍼져나갔는데, 유럽이건 아시아 대륙에서건 회원들은 모두 자신들을 가리켜 '영신수련으로 만들어진 사람' 으로 칭하곤 하였다. 그들의 전설적인 선교활동의 이면에는 각자가 하늘로부터 부여

받은 사명에 대한 인식이 절대적인 위치를 차지하고 있었던 것이다.

예수회 선교사들이 얼치기 신자들과 달랐던 큰 차이점은 자신들이 왜 그곳에 존재하는지에 대한 이유와 무엇이 자신에게 주어진 사명인지를 명확히 인식하고 있었다는 것이다. 이 세상에서 오로지 나에게만 주어진 하늘의 사명. 그 자기중심적이고 절대적인 믿음이야말로 인류역사상 최강의 세일즈 집단을 키워낸 원동력이었던 것이다.

역할모델 8. 카사노바
지금 여기에 충실하라!

연애의 킬러, 플레이 보이

괴테의 『젊은 베르테르의 슬픔』이 출간되었을 때, 유럽사회에는 그를 모방한 자살열풍이 불었다. 기독교 문명권에서 자살은 종교적으로 엄격히 금지된 터부임에도 불구하고 많은 모방자살이 이루어졌다는 것은 '사랑의 슬픔' 에 동화된 이들이 그만큼 많았다는 뜻일 것이다.

생각해보면 실연의 시기만큼 격정에 사로잡히는 시기도 흔치 않다. 또한 사랑을 쟁취하는 시기만큼 열정적인 시기도 드

물다. 이는 동물들의 세계에서도 그대로 반영되는데 동물 세계에서 이성을 쟁취하고자 하는 열망만큼 강렬한 본능도 드문 것으로 보인다. 대부분 수컷들간에 벌어지는 결투는 암컷을 차지하기 위해서이고, 수컷 사마귀는 단 한번의 짝짓기를 위해 목숨을 걸기도 한다.

그런 의미에서 사랑의 본능에 충실해 이성을 사로잡은 사람 또한 우리가 생각할 수 있는 인생의 승자가 아닐까 한다. 원하는 이의 마음을 빼앗는 데 성공한 이는 우리가 되고 싶은 킬러이기도 하다.

여기서 강조할 점은 킬러들은 승자독식의 모습을 보인다는 것이다. 그들은 절대 다수로부터 사랑을 받는다. 인류사까지 들먹이지 않더라도 우리는 연애에 성공한 플레이 보이, 수많은 이성의 사랑을 한번에 쟁취한 킬러들을 찾아볼 수 있다. 그들은 도덕적으로 비난을 받기도 하지만 우리가 가지고 있는 선입견과는 조금 다른 면모를 보인다.

인류사에서 이성의 마음을 훔치는 데 탁월했던 킬러들을 살펴볼 때 우리가 처음 겪는 혼란은 그들이 누구로부터 비난을 받았는가 하는 것이다. 우리는 이들 킬러의 가장 큰 피해자를 그들에게 마음을 빼앗겨버린 이성들이라고 생각하기 쉽다. 그

러나 사실을 살펴보면 사랑을 준 이성은 자발적인 공모자에 가
깝고 진정한 피해자는 아내와 연인을 빼앗긴 동성의 경쟁자들
이었다.

진실성으로 승부한 카사노바 연애술

이 분야 킬러의 대명사인 '카사노바'의 삶을 보면, 그만의
연애의 기술이 있음을 확인할 수 있다.

우리나라에서는 카사노바라는 이름이 그저 호색한의 대명
사로만 인식되어 있지만, 그는 수많은 저서의 저자이자 18세기
유럽 당대의 지성인이었다. 게다가 놀랍게도 젊은 시절 그의
목표는 성직자가 되는 것이었다. 그러나 첫사랑의 상처는 인생
의 방향을 180도 다르게 바꾸어 놓기도 한다. 쾌락과 육체적 본
능에 대해 엄격히 절제하던 젊은 카사노바는 루시아라는 여인
을 알게 된다. 그는 그녀도 자신을 뜨겁게 원한다는 것을 알았
지만 엄격한 금욕주의자였던 젊은 카사노바는 차가운 이성으
로 절제를 한다. 그러나 훗날 그녀가 한 호색한에게 농락당하
고 고향집을 떠났다는 사실을 접하며 카사노바는 순간에 모든

것을 맡기는 쾌락주의자로 다시 태어난다.

2미터에 달하는 신장과 탁월한 언변 등 이미 훌륭한 자질을 갖추고 있던 그였기에 한번 마음을 고쳐먹자 전 유럽의 여성들이 들끓기 시작했다. 그는 식욕에 관한 한은 미식가였지만 성욕에 관해서는 잡식성이라고 해도 지나치지 않았다. 유부녀나 수녀와 같은 금지된 영역 앞에서도 멈추지 않았고 자매를 동시에 취하거나 하녀와 하녀의 딸을 끌어안는 감히 상상도 못할 행각에도 도전했다.

그러한 그의 행동을 당대의 이탈리아 사회가 용납할 리 없었다. 그는 종교재판관들에 의해 감옥에 갇히게 된다. 그러나 여기서 놀라운 것은 그는 자신을 스쳐갔던 여인들로부터는 그 어떤 원망도 듣지 않았다는 점이다.

대부분의 여성들은 카사노바가 차린 식탁 앞에서 이미 무장해제를 당하고 만다고 증언했다. 카사노바는 퓨전요리의 대가였는데, 그의 세련되면서도 창의력 풍부한 실험요리들은 오늘날 이탈리아 요리의 주요 부분을 차지하고 있을 정도이다. 카사노바는 상대 여성을 위해 일품요리를 준비했고, 상대 여성의 머리색과 피부빛깔에 따라 각기 적합한 와인과 후식 등을 준비했다고 하니, 머릿속에서 온통 그녀를 즐겁게 해주기 위한 생각만을 하지 않고서는 불가능한 전희였다.

"사랑을 받기 위해선 상대방이 무엇이든 새로운 기쁨을 느끼게 해주어야 한다."

그는 자신만의 사랑의 철학을 공표하며 자기 행동의 진실성을 드러냈다. 그는 어제의 약혼반지가 미래를 담보한다는 진부한 발상을 믿지 않았다. 그는 오로지 지금 이 순간 어떻게 그녀를 기쁘게 해줄지만을 생각한 남자였다.

노년에 그가 남긴 글을 보면 그녀들과의 수십 년 전 저녁식사와 침실에서의 기억들이 공감각적으로 재현되어 있다. 평범한 남자들이라면 첫사랑의 기억 단 한번에 불과할 불같은 정열이 그에게서는 노년의 그 순간까지 꺼지지 않고 타오르고 있었던 것이다.

이 세상 누구보다 많은 여성들로부터 사랑받았던 카사노바야말로 이 세상 어떤 남자들보다도 여성들을 사랑한 남자였던 것이다.

연인을 위해 모든 걸 바쳤던 카이사르

　성공학의 태두 나폴레온 힐은 성공한 사람들의 공통된 특질 가운데 하나로 그들이 '성욕을 대단히 잘 활용한 사람들'이었다고 주장하고 있다.

　이 기준에 맞춰 세계사를 보면 역사의 주연들은 두 종류가 있다. 하나는 성적 매력을 발산하여 긍정적으로 활용한 경우이고 또 하나는 그러한 자질을 갖지 못해 그것을 권력욕으로 전이시킨 경우다. 후자의 경우는 나폴레옹과 히틀러를 들 수 있겠고 전자의 경우는 전직 미국 대통령 몇 명을 떠올릴 수 있을 것이다. 이번에 이야기 하고자 하는 율리우스 카이사르는 물론 전자에 속한다.

　우리가 잘 알고 있는 율리우스 카이사르는 현대 서구문화 곳곳에 자신의 흔적을 남긴 로마제국 최고의 영웅이었다. 그러한 그가 로마의 '대표선수'였다는 사실은 별로 이상할 것이 없다.

　그는 젊은 시절부터 전 로마의 유부남들에게는 요주의 경계 대상 1호였다. 로마의 원로원 중에서도 3분의 1이 그에게 아내를 도둑맞았다는 얘기가 있을 정도였다. 그런 그가 52세에 이르러 21세의 절세미인 클레오파트라마저도 품에 안았으니, 다시 태어난다면 브루투스의 칼날도 두려워하지 않고 카이사르의 삶을 택할 남자들이 적지 않을 것이다.

그런데 그가 행했던 킬러로서의 면모는 보통의 배포를 가진 남자들로서는 흉내 내기도 어려운 것이었다. 그는 탁월한 문장가였으므로 재치 있게 말하는 재주를 가졌을 것이라고는 능히 짐작된다. 그러나 이탈리아 남자치고 카이사르는 그렇게 잘생긴 편은 아니었다고 한다. 그리고 태어날 때 은수저를 물고 태어난 운명도 아니었다. 하지만 그는 일단 한 여자를 알게 되면 무지막지한 선물공세를 퍼부었다. 젊은시절 카이사르는 현대로 치면 신용불량자와 같은 처지였는데, 자신이 감당할 수 없을 만큼의 거대한 부채를 지고 있었다. 그리고 그의 부채는 대부분 바로 수많은 애인들에 대한 선물비용때문에 생긴 것이었다고 한다.

킬러는 원망을 듣지 않는다

연애의 먹이사슬에서 상대를 빼앗긴 자와 킬러의 전략에는 근본적인 차이가 있다. 오늘날 얼치기 선수(?)들이 즐겨 쓰는 수법은 바로 결혼을 미끼로 삼는 것이다. 하지만 이것은 현장에 자신의 지문과 흔적을 남기는 초짜 도둑처럼 어리석고 유치하기 짝이 없는 방법이다.

진정한 킬러는 그렇게 현재의 쾌락을 위한 미끼로 미래를 약속하지 않았다. 그들은 완전범죄의 실천자처럼 작업이 끝난 이후에 상대 여성으로부터 그 어떤 원망도 사지 않는다. 그런 그들이 사용하는 탁월한 전략은 바로 지금, 여기에서 상대에게 가장 큰 환희와 절정을 선사하는 방법이었다.

즉, 성공한 플레이 보이들의 특징은 '원망을 듣지 않는다' 는 것이다. 그들은 연애의 순간에 상대에게 충실했으며 상대를 위해 자신을 소진해 진정성을 인정받았다. 원망을 듣지 않는 킬러, 그것이 진정한 승리자의 모습이다.

Part 4

인생의 후반기, 킬러를 넘어 리더로

킬러에서 리더로 진화하라 / 규칙은 리더를 통해서만 만들어진다 / 값싼 스포트라이트는 리더의 몫이 아니다 / 성공한 리더는 죽지 않는다 / 변화를 두려워하지 않는 자, 당신은 리더다 / 이제 리더를 맞을 준비를 하라

킬러에서 리더로 진화하라

보스에 머무는 킬러들

인생은 킬러와 리더의 두 단계로 진행된다. 따라서 인생의 전 기간에 걸쳐 하나의 모델을 좇아가기보다는 킬러와 리더 두 단계 각각에 맞는 역할모델이 필요하다.

그럼 당신이 자신을 킬러로 변화시키고 킬러로 성장했을 때를 상상해보자.

당신은 축구 선수의 주장일지도 모른다. 혹은 팀 단위의 조직에서 팀장, 군대에서의 초급장교 정도에 해당할지도 모른다.

성공을 꿈꾸던 당신은 이제 한 분야에서 일가(一家)를 이루었다고 생각할 것이다. 그리고 자신에게 물을 것이다.

"나는 무엇을 더 해야 할까?"

이때 당신에게 제안할 수 있는 답은 "리더로 살아라"이다. 우리는 같은 활동영역에서 동일한 임무를 수행하는 상급자를 리더라고 착각하기 쉽다.

그러나 현실적으로 보면 킬러의 단계에 도달한 사람들은 많이 있어도 리더의 단계에까지 진화해 나간 사람은 많지 않다. 킬러들은 종종 자신이 속한 조직 내에서 보스의 위치에까지는 아주 수월하게 진입한다. 물론 이러한 보스의 지위는 킬러의 단계에서 리더의 단계로 진화해 나가는 데 중요한 시험이자 교훈을 주는 위치다.

킬러들에게 있어 보스의 위치는 그렇게 낯선 것이 아니다. 그들은 동년배 집단에서도 항상 두드러진 존재였기에 자신의 영역에서 주어지는 보스의 임무도 자신감 있게 해 나간다. 무엇보다도 보스가 맡고 있는 임무는 여전히 자신의 분야에서 일을 능숙하게 처리해 나가는 과정이기 때문에, 보스가 된다고 해도 역할은 크게 달라지지 않은 것이다.

그러나 리더의 단계에서 그들은 그동안 익숙했던 모든 것을 포기해야만 한다. 세상 사람들의 관심을 선수들에게 돌려야만 하며, 자신이 능숙히 해결할 수 있는 문제도 하급자를 키워 그들을 통해 해결하지 않으면 안 된다.

킬러의 단계에 있는 사람과 리더의 단계로 진화해 나간 사람은 대체적으로 아래와 같은 차이가 있다.

킬러	리더
규칙을 파괴하는 자	새롭게 규칙을 제정하고 준수하는 자
스페셜리스트	높은 차원의 제너럴리스트
선수	감독
현재의 삶에 집중하는 자	장기적인 미래의 비전을 제시하는 자

리더의 단계로 진화해 나간 사람들은 누구에게나 존경받는 인물이 된다. 반면 킬러의 단계에 머무른 사람들은 종종 극단적으로 엇갈리는 평가를 받게 된다.

성경에 등장하는 삼손의 사례는 탁월한 재능을 가졌으나 리더로 진화하지 못한 인간의 한 전형을 보여준다. 삼손은 누구보다 용맹한 용사였으나, 데릴라의 유혹에 빠진 뒤에는 쥐새끼 한 마리도 잡지 못하는 허수아비로 전락해 버렸다.

그런데 왜 그토록 탁월했던 킬러들이 리더의 단계에서 탈락하는 것일까? 현대 리더십 이론에서 강조하는 바에 따르면, 한 사람의 인간이 진화해 나가기 위해서는 무엇보다 변화에 적응하는 능력이 필요하다. 이 변화에 적응치 못하고 화려했던 과거에 안주하게 된다면 그를 기다리는 것은 세상으로부터 도태되는 일뿐이다. 일례로 화려했던 스타플레이어의 기억을 간직한 자들일수록 더 쉽게 하급자의 권한을 회수하고 오히려 자신이 게임에 뛰어들어 버리려한다. 그러나 선수를 제치고 그라운드를 뛰어다니는 리더는 어느새 머리 잘린 삼손으로 전락해 버리기 쉽다.

그럼 각각의 사례를 통해 킬러와 보스 그리고 리더의 단계를 명확히 이해해보자.

고난을 뚫고 킬러에서 리더로 변모한 스티브 잡스

스티브 잡스는 스스로 개발한 '애플1'을 사업화 시켰던 킬러였다. 물론 자신에게 닥쳐온 역경을 극복하고 보다 성숙한 리더로서 진화해 온 점이 두드러진 리더이기도 하다.

스티브 잡스는 여러 면에서 빌 게이츠의 사례와 대조적이다.

빌 게이츠가 천재적인 사업가로서 실패를 모른 채 젊은 시절부터 출세가도를 달려온 인물인 반면 스티브 잡스는 빌 게이츠만큼 학교공부에 두각을 나타내는 학생은 아니었다. 그는 오리건 주에 있는 한 대학의 물리학과에 입학했지만 흥미를 느끼지 못하고 곧 휴학해 버렸다. 다행히 21세 때 컴퓨터에 파고들어 애플1이라는 기념비적인 작품을 세상에 내놓을 수 있었다. 애플1은 시장에서 뜨거운 반응을 얻어 젊은 스티브 잡스를 돈방석에 올려놓았다. 이어서 그는 1984년 '매킨토시'라는 작품을 세상에 데뷔시키는데 성공을 거둔다. 그러나 여기까지는 그의 인생에 있어 도입부에 지나지 않았다.

스티브 잡스는 회사내의 정치적 음모에 의해 애플 사에서 쫓겨나는 신세가 된다. 애플에서 쫓겨 난 직후 그는 다시 두 개의 사업에 손을 댔다. 새로운 운영체제로 작동되는 컴퓨터를 개발하는 '넥스트스텝'이란 회사를 설립했고, 픽사(Pixar)라는 이름의 애니메이션 회사를 인수했다. 이 두 회사의 명암은 90년대 들어서면서 극명하게 엇갈리게 된다.

넥스트스텝에 대한 시장의 반응은 참담했다. 이때 그는 새로운 컴퓨터의 개발을 깨끗이 단념하고 애니메이션 분야에서 새로운 가능성을 찾은 듯 픽사에 전폭적인 투자를 하였다.

그의 예견이 맞았는지 1995년 그가 출시한 애니메이션 「토이 스토리」는 시장과 평단으로부터 엄청난 찬사를 받았다. 세상을 앞서나간 스티브 잡스의 안목과 비전에 관한 찬사가 쏟아졌다. 여기까지가 킬러로서의 그의 인생이었다. 조직의 정치적 음모로부터 스스로를 보호하는 법을 몰랐던 그는 성장과 변화를 통해 뛰어난 승부사가 되었고 성공한 보스의 자리에 오를 수 있었다.

그리고 그에게는 뛰어난 리더로서의 인생이 기다리고 있었다. 1985년 창업자를 내쫓았던 애플은 이후 만년 적자에 허덕이던 끝에 결국 1996년 스티브 잡스를 새로 영입하게 된다. 그는 금의환향의 길에 올랐다. 10여 년 만에 애플 사에 돌아온 그는 불과 1년 만에 4억 달러의 흑자란 성과를 보여주었다. 두 번째 애니메이션 「벅스 스토리」의 성공과 iMac(애플 컴퓨터의 데스크톱 컴퓨터 브랜드)의 성과로 그는 새로운 세기의 리더로 확고하게 자리매김 했다. 스티브 잡스는 혹독한 시련을 이겨내고 킬러에서 리더의 길로 진화해 나간 모범을 보여주었던 것이다.

규칙은 리더를 통해서만 만들어진다

역사에는 뛰어난 천재 발명가나 예술가의 이야기가 끊이지 않고 등장한다. 그들은 자신의 열정을 다해 성공에 이른다. 그들은 발명품이나 예술품으로 자신을 대변한다. 그들 역시 시대의 흐름을 앞서나가는 뛰어난 킬러들이었다고 할 수 있다.

그러나 뛰어난 발명가나 예술가들 중에는 유독 자신의 자질보다 덜 성장하거나, 자신보다 더한 후계자를 만들지 못한 이들이 많다. 발명가들의 몫은 새로운 아이디어로 작품을 만들어 세상에 내놓는 데 그치는 경우가 많았던 것이다.

그들은 왜 그토록 뛰어난 킬러본능을 지니고 있었음에도 불구하고 세상의 리더로 당당히 성장하지 못한 것일까? 왜 그들은 역사에서 최후의 승자로 기록되지 않는 것일까?

그 이유를 몇 가지 생각해볼 수 있겠으나 우선 그들은 킬러로서 세상을 종횡무진 살았을지는 몰라도 조직을 이끌고 변화를 시도하고 킬러를 재생산하는 데까지는 노력을 기울이지 않는다. 그들은 자신이 킬러로서 얻은 성공에 만족할 뿐이었다.

"재주는 곰이 넘고 돈은 중국인이 번다"는 말이 있다. 비즈니스 세계에서는 이런 속담이 얼마나 정확한 비유인지 확인할 수 있는 수많은 사례가 있다.

오늘날 미국 자본주의를 대표하는 브랜드인 맥도날드, 코카콜라, 마이크로소프트, 스타벅스 이 네 회사는 제품의 개발자들과 이를 사업화한 인물이 다르다. 제품의 개발자들은 이 각 분야에서 사상 최고의 콘텐츠를 개발한 기념비적인 업적을 남긴 킬러들이다. 그러나 우리가 기억하는 것은 그들 개발자가 아니라 그것을 사업화한 리더들이다.

제품의 개발자들조차 인정하지 못했던 상품성을 일찍이 감지하고 자신의 삶을 투자했던 비즈니스 승자들, 당대의 리더들은 자신의 삶을 통해 리더의 조건에 대해서 이야기한다.

코카콜라의 사례

현대 자본주의에서 중상주의 시절의 선교사와 같은 첨병의 역할은 코카콜라가 맡고 있다. 코카콜라는 동서냉전의 장막이 걷힐 때 가장 앞서 구공산권 국가를 공략해 나갔다. 뿐만 아니라 9·11 이후 이슬람 문명과의 극한의 대치 속에서도 코카콜라만큼은 항상 예외적이라 할 만큼 현지인들의 입맛을 사로잡고 있다.

현대 자본주의 최대의 발명품이라 할 만한 코카콜라의 개발은 원래 존 펨블튼이라는 약사에 의해 소화제로 개발되었다. 그러나 많은 제품의 개발자들이 그러하듯이 그는 자신의 위대한 발명품이 훗날 자본주의의 역사에 어떤 신화를 창조할지 전혀 예감하지 못했다. 그에게 있어 그것은 여전히 소화제였을 뿐 그는 그것을 청량음료의 관점에서 바라보지 못했던 것이다.

그러나 챈들러라는 사업가만큼은 예외였다. 그는 그 독특한 맛의 소화제에서 사업적 잠재력을 발견하였고 마침내 오늘날까지 비밀에 쌓여 있는 제조법을 사들이게 된다. 그리고 1893년 드디어 '코카콜라' 라는 브랜드를 상표명으로 등록하게 된다.

이후 1세기가 지난 오늘날까지 코카콜라가 걸어온 브랜드의 역사는 현대자본주의의 역사 그 자체였다. 여성의 신체곡선을

모방한 독특한 병 모양과 빨간색 옷을 걸친 산타클로스의 창
조는 가장 위대한 마케팅 사례로 평가된다. 오늘날 본토 미국
인들에게 있어 코카콜라는 물보다 더 자주 마시는 음료가 되어
있다.

맥도날드의 사례

코카콜라가 전체 자본주의의 상징이라면 맥도날드는 미국
자본주의의 상징으로 통한다. 그래서 세계 각국의 가장 중심가
를 점하고 있는 맥도날드의 점포들은 반세계화 시위 때면 곧잘
그 표적이 되곤 한다. 하나의 표준적인 시스템으로 전 세계를
통일화 하고 있는 맥도날드는 미국 패권주의의 대표주자로 전
세계인들에게 인식되고 있기 때문이다.

맥도날드의 창업자 레이 크록의 일생은 아메리칸 드림의 가
장 좋은 실례가 될 수 있을 것이다. 멀티믹서기의 세일즈맨으
로 50대에 접어들 때까지 생활했던 그에게 캘리포니아 샌버너
디노의 한 햄버거 가게는 특별한 호기심의 대상이었다. 평균 2
대 정도의 멀티믹서기를 사용하는 다른 점포와는 달리 8대의
기계를 한꺼번에 주문했기 때문이다.

1954년 레이 크록이 이 레스토랑의 소유주 딕과 맥이라는 이

름의 맥도날드 형제를 방문했을 때 그는 강렬한 인상을 받았다. 신속한 서비스, 저렴하고도 표준화된 메뉴, 깔끔하게 정돈된 시설, 이 모든 것에서 그는 거대한 가능성을 발견했다. 52세의 세일즈맨은 맥도날드 레스토랑을 방문한 날 저녁 늦도록 잠을 이루지 못했다. 그는 이미 그날 밤 맥도날드 점포에서 불룩한 지갑을 쓰다듬고 있는 자신의 모습을 보고 있었는지도 모른다.

다음날 오후 레이 크록이 다시 맥도날드 형제를 찾았을 때 그는 자신의 사업구상을 얘기했다. 전국에 맥도날드 점포를 열자는 계획이었다. 그러나 맥도날드 형제는 현재의 삶에 만족하고 있음과 더불어 더 이상의 욕심이 없음을 얘기했다. 그러자 마침 기다렸다는 듯이 레이 크록은 일생일대의 승부수를 던졌다. 자신이 프랜차이즈 사업을 시도하겠노라는 것이었다.

결국 맥도날드의 경영권을 확보한 그는 그후 생의 마지막 열정을 화려하게 불태운다. 그의 평균 수면 시간은 하루 6시간을 넘는 법이 없었고 매일 12~14시간을 사업에 투자했다. 그 결과 오늘날 맥도날드는 세계 공통의 매뉴얼화된 시스템으로 각국 주요 도시의 중심가를 점하고 있는 미국 자본주의의 상징으로 우뚝 서게 되었다.

마이크로소프트 사례

오늘날 세계 최대의 갑부로 손꼽히는 빌 게이츠는 이미 30대의 나이에 세계 최고 갑부의 반열에 오른 인물이다. 그는 철도개발 시대의 앤드류 카네기, 석유에너지의 본격적 활용시기의 존 록펠러, 그리고 자동차 대중화 시대의 헨리 포드와 같이 근 한 세기 만에 찾아온 정보통신혁명의 시대에 기회를 포착하고 독점적인 사업방식으로 자신의 부를 움켜쥐었다.

그러나 연구원처럼 연출되는 이미지와는 달리 그는 냉철한 사업가로서의 면모를 지닌 인물이다. 이미 10대시절에 자신의 사업을 시도했고 대하시절에는 정보통신혁명을 예감, 누군가에게 선수를 빼앗기지 않기 위해 하버드 대학을 과감하게 중퇴하였다.

그에게 있어 결정적인 계기가 되었던 것은 MS-DOS와의 만남이었다. 아직도 많은 이들이 MS-DOS를 하버드 대학의 연구벌레 빌 게이츠의 작품으로 알고 있을 만큼 그것은 빌게이츠의 사업인생에 있어서 결정적 도약의 계기가 되었다.

MS-DOS는 원래 시애틀 컴퓨터라는 소규모 소프트웨어 개발회사의 QDOS라 불리는 상품이었다. 당시 거대공룡이었던 IBM은 하드웨어 제작에만 관심을 갖고 있었고 소프트웨어 분야가 향후 어떠한 금광이 될지 예측하지 못하고 있었다. 그러나 20대의 젊은이 빌 게이츠만큼은 그것이 존 록펠러의 오일 트러스트에 버금가는 금맥이 될 것임을 예측했다.

하지만 당시의 빌 게이츠에게 IBM의 요구를 충족시켜줄 만큼의 연구력은 존재하지 않았다. 그러나 다행히도 그의 동업자 폴 앨런은 IBM의 요구를 들어줄 방법을 찾아내었다. 그것이 바로 QDOS였고 그들은 그 상품의 라이센스를 획득하기로 결정했던 것이다. 그후 본격적인 퍼스널컴퓨터의 시대가 열리면서 MS-DOS는 전 세계 컴퓨터의 산업표준 모델이 되었고 이를 계기로 소프트웨어 분야의 거대공룡으로 성장한 마이크로소프트는 후속 작품으로 윈도우(Windows) 시스템을 선보이며 현재에 이르기까지 독주를 구가하고 있다.

스타벅스의 사례

스타벅스의 대표 하워드 슐츠에게는 여러 면에서 한 세대 전 레이 크록의 신화를 돌아보는 것 같은 공통점이 있다. 브루클린 빈민촌에서 자란 그는 대학을 졸업하고 세계 최고의 세일즈 프로그램을 제공하는 제록스사에서 세일즈맨으로 출발했다. 그곳에서 마케팅과 프리젠테이션 기법을 배운 그는 자긍심

강한 세일즈맨으로 생활했다.

그러던 그는 어느 날 시애틀의 한 소매 업체가 이례적으로 수동 드립식 커피추출기를 웬만한 백화점보다도 더 많이 주문한다는 사실을 알게 되었다. 위대한 사업가들이 대체로 그러하듯이 그는 이러한 현상을 그냥 보아 넘기지 않았다. 그는 한번도 방문한 적이 없는 시애틀을 가보기로 마음먹게 되었다.

그가 스타벅스 매장을 처음 방문했을 때 그는 그들의 열정과 정통성에 매료되었다. 그가 에스프레소 커피를 세 모금째 마실 때 마치 레이 크록이 맥도날드 매장을 처음 방문한 날 저녁처럼 거대한 신대륙이 그의 머릿속에서 펼쳐졌다. 하워드 슐츠는 사장 제리 볼드윈을 만나 밤새 스타벅스의 미래와 커피에 대한 얘기를 나눴다. 그리고 슐츠는 봉급 높은 직장을 그만두고 작은 커피 소매점에 합류하게 된다.

그러나 당시 사장이던 제리의 부채는 늘어만 갔고 불만으로 가득 찬 종업원들은 하나 둘 떠나기 시작했다. 이에 실망한 하워드도 차라리 자신의 회사를 따로 차리는 것이 낫겠다는 심정으로 투자자를 찾아다니기 시작했다. 하지만 이때 사장이던 제리는 중대한 결단을 내렸다. 사장인 자신보다 더욱 스타벅스에 대한 사랑과 열정으로 가득 찬 하워드 슐츠에게 회사를 넘기기로 한 것이다.

하워드 슐츠는 이후 이탈리아 출장에서 느꼈던 에스프레소 향기를 그대로 미국에 옮겨와 미국인들의 커피 취향뿐만 아니라 미국인들의 생활을 바꾸어 가기 시작했다. 그리고 그것은 오늘날에 이르러 전 세계인들의 입맛을 바꿔 놓았고 아직도 미국의 꿈은 계속 되고 있음을 증명해 보였다.

앞서 살펴보았듯 자본주의 역사에 길이 남을 위대한 기업들의 탄생에는 전혀 다른 두 부류의 사람들이 존재한다. 재주를 넘는 곰처럼 결정적인 단초를 제공한 킬러가 있고, 콘텐츠에 질서를 부여하고 시스템을 도입해서 세상에 드러낸 리더가 있다.

앞서의 사례들을 통해 확인할 수 있듯이 세상은 킬러들을 기억하지 못한다. 앤드류 카네기가 킬러의 단계에 머물러 있었다면 오늘날 역사의 페이지에서 그가 차지하는 부분은 지극히 협소한 영역에 불과했을 것이다. 세상이 진정으로 기억하는 것은 이 세상의 규칙을 제정하고 표준을 확립하는 리더들이다. 킬러로 성장하는 부단한 노력 뒤에는 자신을 리더로 변화시킬 용기가 필요한 것이다.

값싼 스포트라이트는 리더의 몫이 아니다

유능한 선수가 유능한 감독이 되지는 않는다

선수가 그라운드를 떠나 감독의 위치로 간다는 것은, 수많은 관심과 애정을 선수들에게 양보해야 한다는 것을 의미한다. 늘 사랑받기만 하고, 이길 줄만 알았던 선수들에게는 이 과정이 더욱 혹독하게 다가온다.

이것은 한 분야의 탁월한 스페셜리스트가 진급하면서 주로 발생되는 문제다. 일반 기업에서는 영업조직에서 유달리 많이 발견할 수 있는 현상이다. 뛰어난 영업실적을 보여주던 한 세일즈맨을 영업조직의 관리자로 진급시킬 경우, 그것은 종종 본인과 회사 양쪽에 모두 뜻밖의 결과를 안겨주는 경우가 많다.

이 과정의 변화를 겪으면서 대체로 잘 적응해 나가는 사람들은 오히려 실전에서는 최고가 되지 못했던 이들이다. 스포츠의 세계에서도 선수시절 많은 좌절을 겪었던 지도자들일수록 선수들에 대한 이해의 폭이 넓으며 그러한 경험이 빛을 발한다. 젊은 나이에는 그다지 돋보이지 않았던 재목들이 오히려 탁월한 리더들로 거듭나곤 하는 것이다.

젊은 시절의 성공에 도취되어 노년의 삶을 엉망으로 망쳐버린 아래의 사례는 자수성가의 신화가 무성한 현대 한국사회에 타산지석이 되어준다.

인생의 후반기에 실패한 헨리 포드

자동차왕 헨리 포드는 전형적인 아메리칸 드림의 실현자였다. 아일랜드계 이민 2세였던 그는 많은 산업화 시대의 영웅들이 그렇듯이 학교 공부와는 인연이 없었다. 더 없이 뜨거운 열정과 성실함을 무기로 몇 번의 실패를 마침내 극복하고 미국 자동차 산업의 대표주자가 된 사람이다.

　그러나 그는 인생의 후반기에 있어 더 없이 초라한 삶을 살았다. 우리가 기억하는 위대한 기업가 포드는 그의 인생 전반부의 모습일 뿐이고 그의 노년은 더할 수 없을 정도로 일그러진 것이었다. 만일 그의 손자 헨리 포드 2세가 회사를 채 물려받기도 전에 파산을 해 버렸다면 그의 성공신화는 완전히 사라져 버렸을지도 모른다. 그나마 그가 여전히 훌륭한 기업가로 기억되는 것은 영웅 만들기를 좋아하는 미국 사람들의 성향 탓인지도 모른다. 역사적 인물들의 평가에 인색하다 못해 가혹하기까지 한 한국사회에서였다면 그는 필시 완전히 잊혀진 인물이 되었을 것이다.

　그가 '모델T' 라는 이름의 베스트셀러를 생산, 자동차의 대중화에 기여한 것은 유명한 일이다. 그를 킬러 단계에서 누구보다 두드러지게 한 것은 엔지니어로서의 창의성이었다. 그는 발명가적 기업가의 대표적 인물로 통하는데, 모델T의 성공으로 그는 킬러의 단계를 벗어나 리더의 단계로 진입했어야 했다. 40세에 창업한 포드 자동차를 10년 만에 세계 최정상의 기업으로 만든 그에게 다음 과제로 주어진 것은 리더로서의 변모였다.

그러나 그는 55세에 포드 자동차를 가족기업화 한 이후, 리더로서의 적응에 실패하는 모습을 보이기 시작했다. 자수성가한 사람들이 대체로 그러하듯이 그는 가부장적이고 독재적인 방식으로 주위의 모든 사람들을 대했다. 가장 큰 피해자는 노동자들과 그의 장남 에드셀이었다. 20살의 에드셀을 사장으로 발령을 냈지만, 헨리 포드는 한국식 왕회장의 위치를 차지한 채 에드셀을 허수아비 사장으로 만들어버렸다.

헨리 포드는 어린 아들하고 많은 불화를 겪어야 했다. 모델T의 성공 후 정상급 기업으로 성장한 포드자동차에는 훌륭한 전문 경영인들도 많이 있었지만 그들을 등용할 생각도 전혀 없었다. 그는 자신이 아닌 전문경영인에게 관심과 명예가 쏟아지는 걸 참을 수 없었던 것이다. 자연히 그의 주변에 있던 인재들은 하나둘 떠나기 시작했고 그의 판단력은 흐려질 수밖에 없었다. 노조와의 갈등도 험악한 국면을 연출했다. 한때 일당 5달러 제도를 실시, 전 미국 노동자의 영웅으로 떠올랐던 그였지만, 이제 그의 곁에는 절대 충성을 약속했던 이들밖에 남아 있지 않았다.

그를 추앙하는 직원들 때문에 조직을 이끌 눈이 멀어버린 헨리 포드가 절대적으로 신임했던 이는 베넷이라는 인물이었다. 그는 헨리 포드의 가려운 부분을 해결해줌으로써 출세가도를 달렸는데, 해군 운동선수 출신이었던 그는 노조와의 갈등을 폭력으로 해결하고자 했다.

게다가 자신의 일에서 거대한 성공을 이뤘다고 만족한 그는 자신이 하는 일 앞에 불가능이란 없다는 맹신을 갖고 신문사를 설립하고 미국 대통령을 염두에 둔 정치권 진입을 시도했다. 결과적으로 그의 외도는 모두 가십거리 이상으로 발전하지 못했다.

그의 전횡이 오래도록 지속되는 동안, 어느덧 베스트셀러 모델T의 운명도 다하였고 경쟁사들이 급성장하여 포드사를 추월해 갔다. 그리고 아들 에드셀은 오랜 스트레스를 이기지 못하고 끝내 마흔일곱의 젊은 나이에 위암으로 사망하고 말았다. 아들이 사망하기 전 20대의 젊은 손자조차도 자신의 경영권에 도전할까 경계했던 그는 결국 아들을 잃고서야 기운 빠진 평범한 노인으로 돌아갔다.

그가 노년에 보여준 모습은 한국 경영자들에게도 많은 시사점을 던져 준다. 한국에 IMF가 불어닥쳤을 때 대부분의 기업인들은 자수성가한 백전노장들이었다. 안타깝게도 그들은 기업의 규모가 커짐에 따라 리더로 성장했어야 했음에도 그러지 못했다. 그들은 예전의 방식을 고수하고 버리지 않았다. 때문에 기업의 성장은 정체하고 IMF 바람이 불었을 때 추풍낙엽처럼 무너질 수밖에 없었다.

권위를 내려놓는 리더는 아름답다

잭 웰치는 토론에서 자신과 격렬히 대립하는 부하직원을 높이 평가했다고 한다. 경제전문가들은 바로 이런 점이 그를 최고의 리더로 만든 요인이라고 평가했다.

안타깝게도 우리나라와 같은 권위주의 문화권에는 위대한 리더를 길러내지 못하는 치명적인 약점이 있다. 우리는 스승과 제자가, 상사와 부하직원이, 아버지와 아들이 치열하게 토론하는 모습을 상상할 수 없다. 의견 제시와 질문을 곧 '거역'으로 받아들이는 옹졸한 보스들만 존재한다. 그러나 아버지, 스승, 상사가 모두 유능하고 언제나 옳은 것이 아니라는 데 문제가 있다.

앤드류 카네기는 그런 면에서 진정 기업가의 본질을 꿰뚫고 있던 사람이었다. 그의 묘비에 새겨진 다음과 같은 비문은 진정한 리더의 길이 무엇인지에 대해 우리에게 알려주고 있다.

> "자기보다 나은 사람을 부하로 삼고 그와 더불어 일하는 방법을 알
> 고 있는 사람, 이곳에 잠들다."

우리는 자아가 강한 사람을 리더십이 강한 사람으로 오해하는 경향이 있는데 자아정체성은 인간의 발전단계에서 초기단계에서 필요한 성향일 뿐, 지도자 그룹에서 강조되는 덕목은 아니다. 스포트라이트를 사양하고 그라운드를 지키는 감독만이 선수들을 진정한 킬러로 키워낼 수 있다.

성공한 리더는 죽지 않는다

한국을 대표하는 기업가는 누구인가?

　한국사회의 대표적인 경영인으로 꼽히는 이는 단연 삼성의 고(故)이병철 회장과 현대의 고(故)정주영 회장이다. 20세기 한국 기업가들 중 최고의 라이벌로 정주영과 이병철을 꼽는 데 주저하는 이는 아무도 없을 것이다. 그들은 서로 상반되는 인생사와 달리 모두 성공한 기업가로 평가된다. 그들이 한국경제에서 이룩한 큰 업적은 다음 세대에서 재연되기 힘들 정도로, 그 부분에 있어 정주영과 이병철에 대한 평가는 거의 동일하다.

그런데 20세기 한국사회에 진정한 기업가로 평가되는 두 사람이지만 이 부분에 있어서 필자의 생각은 좀 남다르다. 필자는 한국의 경제를 이끈 진정한 리더는 이병철 단 한 사람뿐이라고 생각한다. 역사상 진정한 리더를 겪어보지 못한 한국인들에게 그는 가장 근사치에 가까운 모범을 보여주었다. 이러한 주장에 대해 사람들은 종종 그렇다면 정주영의 성공신화는 무엇이냐고 반박을 하기도 한다. 그 답변은 이러하다.

정주영은 한 사람의 초인이었다. 그는 자신이 존재하는 전 영역에 자신의 발자취를 남겼고, 자신이 상상할 수 있는 모든 영역에 도전했다. 그러나 그것이 바로 그의 한계이기도 했다. 그는 눈 앞의 일에 충실했고 오로지 현실을 살았다.

두 사람에 대한 새로운 평가는 2001년 정주영이 타계한 이후 그들이 남긴 기업에 의해 자연스럽게 내려진다. 정주영은 자서전을 통해 자신의 성공비결을 "당장 눈앞의 일에 충실하는 것"이라고 밝힌 적이 있다. 이병철이 주도면밀하게 계획성을 가지고 일을 해결한 것과 지극히 대조적이다. 결과적으로 정주영은 당대에 지금, 이 순간을 살다 갔으며, 이병철은 먼 미래를 준비하다 갔다.

리더로 성공한 기업가 이병철

이병철은 젊은 시절부터 사업가로서 탁월한 재능을 보여주었다. 하지만 그가 살았던 시대의 한국이라는 공간은 능력 있는 젊은 사업가가 활동하기에는 만만찮은 곳이었다. 일제 말기에서부터 한국전쟁을 거치는 동안 그의 사업은 몇 번이고 불가항력적인 상황을 맞았고 애써 일으켰던 사업이 수포로 돌아가는 일도 왕왕 있었다.

그가 본격적으로 제조업을 시작한 것은 한국전쟁이 채 끝나기도 전인 1952년 부산에서였다. 설탕을 제조하는 제일제당이었다. 이 사업으로 그는 전쟁의 참화가 쓸고 지나간 한국사회에서 동네 아이들도 그의 이름을 알 만큼 거대한 돈을 벌었다.

1954년에 그는 제일제당을 통해 번 돈을 신규사업에 재투자하게 된다. 한국전쟁 직후 세상에서 가장 가난한 나라에 또 다른 필수품을 생산하기 위해 그는 모직공장을 짓기로 한 것이다. 그리고 1957년 설탕가격의 폭락으로 수천 명에 달하던 제일제당의 직원들 중 상당수를 감원해야 할 상황에서도 제분공장을 설립, 신규 일자리를 창출하며 위기를 돌파해나갔다.

그의 사업인생이 험난해지기 시작한 것은 1960년대 군사정권이 들어서면서부터였다. 박정희와 이병철은 본질적으로 잘 맞지 않았다. 정주영이 박정희와 상호보완적인 성격이었던 반면, 이병철은 박정희와 서로 부딪치는 성격이었다. 게다가 두 사람에게는 빈농의 아들과 천석지기 부농의 아들이라는 근본적인 차이가 있었다.

박정희와 마찰을 일으키던 당시, 기업가로서 이병철은 큰 기로에 서 있었다. 많은 성공한 기업가들이 그랬듯이 그 역시도 '정치가로서의 변신'을 심각하게 고민했다. 정치권력이 경제인들의 생사여탈권을 가지고 있던 시기였으므로 이병철의 고민은 진지하지 않을 수 없었다. 이 지점에서도 성주영과 이병철은 큰 차이를 보였다.

이병철은 기업가로서의 정체성을 저버리지 않았다. 그리고 그는 자신이 키운, 기업이라는 조직의 앞날을 더 깊게 고민했다. 이것은 헨리 포드가 "내 기업이니 내 마음대로 하겠다"고 행동한 것과는 확연히 다른 것이었다.

개인에게 있어서도 마찬가지지만 하나의 조직도 미래에 대한 비전이 있을 때만이 활력을 띠게 된다. 따라서 비전을 제시하는 것이야말로 리더의 가장 중요한 임무라고 할 수 있다. 이병철은 이 중요한 기로에서 기업의 핸들을 올바른 방향으로 운전해 나갔던 것이다.

죽어서 부활하는 리더

이병철은 살아 생전에 소비재 산업으로 돈을 벌었다고 많은 비난을 받아야 했다. 삼섬의 역사가 경공업에서부터 시작한 것은 틀림없다. 이병철에게는 당장의 생필품이 부족한 조국에서 중공업보다는 경공업 우선 정책이 옳다는 신념이 있었고 누가 뭐라던 수익성을 우선으로 자신의 사업을 진행시켜나갔다.

일생을 소신 하나로 기업을 이끈 이병철은 73세 되던 해, 폐암 수술의 후유증이 채 가시지 않은 채 생의 마지막 결단을 내려야 했다. 바로 반도체 사업에의 진출이었다. 1982년, 그가 세상을 떠나기 5년 전의 일이었다.

당시 세간의 여론은 삼성의 반도체 사업 진출을 무모한 짓이며 국가 경제를 위기로 몰아넣을 수도 있다는 비판 일변도였다. 어떤 이들은 그러한 그에게 얼마나 더 돈을 벌려고 하는 짓이냐는 비난도 서슴지 않았다. 그러나 뚜렷한 미래 비전을 가진 인물에게 사회적 비난이 그의 결단을 가로막을 순 없었다.

우리는 그 후 반도체 사업이 삼성과 대한민국에 어떤 역할을 했는지 잘 알고 있다. 반도체 사업에서의 성공을 바탕으로 오늘날 삼성전자는 세계적인 기업으로 우뚝 설 수 있게 되었고 침체에 빠진 일본 전자회사들과는 대조적으로 삼성전자의 존재는 더욱 더 두드러지게 되었다.

사업을 명예를 유지하기 위한 수단으로 이해하거나 리더의 역할을 이해하지 못하는 사람들에게 이병철의 삶은 이해할 수 없는 영역에 속할 것이다. 그가 만일 사회적 박수를 받는 데 열중해 때 이른 사업을 시작하거나, 혹은 당장의 수익성에만 집착해 미래를 위한 결단을 내리지 못했다면 오늘날의 삼성은 존재하지 못했을 것이다.

평생 미래를 준비하는 삶을 살았던 그를 비판했던 것은 집단 속에 안주하며 내일의 태양을 꿈꾸지 못하는 꼰대들이었다. 이 위대한 리더에 대한 숱한 비판에도 불구하고 오늘날의 대한민국은 그의 뚜렷한 미래비전에 빚을 지고 있다. 성공한 리더는 죽지 않고 그의 경영 철학을 통해 오늘을 살고 있는 것이다.

변화를 두려워하지 않는 자,
당신은 리더다

제너럴리스트의 재정의

우리는 '스페셜리스트'를 한 분야의 전문가, 뛰어난 사람, 남보다 앞선자 쯤으로 쉽게 인식한다. 반면에 '제너럴리스트'는 한 조직의 구성원으로서 이쪽저쪽 사람들과 큰 마찰 없이 지내는 사람으로 별다른 독창성이 없는 사람으로 생각한다. 그래서 전문직 종사자들은 스페셜리스트요, 월급쟁이는 너나 할 것 없이 전부 제너럴리스트로 칭한다. 하지만 이것은 명백한 오류다.

영어에서 제너럴(General)은 분명 '일반적인 혹은 보편적인'이라는 뜻이 포함되어 있지만 우리가 제너럴리스트를 이런 의미에서 사용하게 된다면 제너럴리스트를 턱없이 낮은 눈높이로 끌어내리는 것이 된다.

제너럴이 가진 명사로서의 의미를 눈여겨 봐야 한다. 명사로서 제너럴은 장군을 뜻한다. 장성이 되기 전까지 군인들은 각자의 병과에서 스페셜리스트로서 역할을 수행한다. 그러나 장군이 되기 위해서는 각 스페셜리스트들의 업무를 총괄이해하고 조정하는 능력이 필요하다. 자신이 젊은 시절 쌓아온 주특기를 떠나서 모든 분야에 대한 고른 이해를 갖춘 사람. 이것이야말로 사령관의 진정한 모습인 것이다.

물론 이와 같은 태도는 비단 군대에서만 요구되는 것은 아니다. 거대 기업의 총수는 물론이고 하다못해 작은 식당을 경영하기 위해서도 주방과 카운터의 돌아가는 사정을 훤히 꿰뚫고 있지 않으면 안 된다. 그러므로 진정한 의미에서의 제너럴리스트는 다양한 분야의 스페셜리스트로서의 수준을 연마한 사람을 뜻하게 된다.

사카모토 료마의 사례

19세기 아시아의 역사에서 한 대수롭잖은 젊은이가 시대의 흐름을 바꿔놓은 사례를 살펴보도록 하자. 이 평범한 젊은이는 부단히 스스로를 단련해 가며 제너럴리스트로 성장해간 좋은 사례가 된다.

당시 아시아 국가들이 가지고 있었던 근대화라는 과제에 대해서는 오로지 일본만이 피동적이기는 하지만 해법을 찾고 실행에 옮겼다. 일본의 개국을 천명한 메이지 유신은 일본 자신의 운명뿐만 아니라 이웃국가의 운명에도 큰 변화를 가져왔다. 그런데 이 메이지유신의 한가운데에 불과 서른 전후의 젊은 나이로 역사의 흐름을 좌우한 불가사의한 인물이 있었으니 그가 바로 사카모토 료마였다.

사카모토 료마의 삶은 전형적인 영웅담과는 거리가 멀다. 어렸을 때의 그는 그렇게 똘망똘망한 어린아이는 아니었다. 그는 '겁쟁이 료마'로 불렸고 집안도 정통 사무라이 집안이 아니었다. 그런데 불과 서른 셋의 나이로 세상을 뜬 이 평범한 젊은이는 현대 일본인들에게 역사상 가장 존경받는 리더로 꼽히고 있다.

이 불가사의한 인물의 삶은 일본전기 작가들에 의해 보통 4시기로 나뉜다.

제1시기는 페리제독이 흑선을 이끌고 나타나면서 일본 내에 위기감이 고조되던 시기였다. 이 무렵 료마는 검술훈련에 정진하고 있었다. 당시의 많은 사무라이들이 그랬듯이 외세의 등장에 전통적인 방식으로 대응하고자 했던 셈이다. 이 시기의 료마에게서는 특별한 점을 발견할 수 없다. 당시 그를 알던 사람이라면 그가 역사 속에 뚜렷이 자신의 발자취를 남긴 인물이 될 것이라고는 예상하기 어려웠을 것이다.

제2시기는 일본이 보수파와 개혁파로 나뉘어져 피비린내 나는 대립을 보이던 시기다. 이때 료마는 고향인 도사성을 벗어나 존왕양이(尊王攘夷)운동의 지사로서 활약하게 된다. 아마도 조금 야심이 있는 사람이라면 이 단계의 변화까지는 쉽게 따라할 수 있었을 것이다.

제3시기는 외세를 물리적으로 배격하는 것이 불가능함을 냉정히 인식한 시기다. 이때 일본은 서양열강과의 몇 차례의 전투에서 패하게 되는데, 이를 계기로 료마는 서양문물을 일본에 도입, 국력을 강화해야 한다는 인식에 도달한다. 그리고 직접

서양의 항해술을 익히며 이 깨달음을 실천에 옮긴다. 이 무렵의 료마는 이미 보통 사람이 흉내 낼 수 있는 영역을 벗어나고 있었다.

제4시기는 새로운 국가 개조의 실현을 위해 활약하던 시기다. 이때의 료마는 만국공법(국가간의 권리, 의무, 관계를 규율하는 법)의 시대를 맞이하기 위하여 법률을 공부하고 있었다고 한다. 그의 오랜 친구들은 료마를 만날 때마다 이렇게 하루가 다르게 변신을 거듭하던 모습에 깜짝 놀라야 했다.

긴 이야기 같지만 그는 예수와 같이 33세의 나이로 짧은 생을 마감했다. 짧은 인생에서 크나큰 변화를 가져 오고 스스로를 변화시킨 그의 노력은 진정한 제너럴리스트의 자세로 인정받을 수 있을 것이다.

제너럴리스트를 향한 한국적 장애물

한국사회에는 제너럴리스트로 가는 길을 가로막는 큰 장벽이 있다.

대부분의 한국인은 스무 살 무렵에 이미 자신의 정체성을 고정시켜 버린다. 오늘날 인간의 잠재능력을 연구하는 쪽에서는 인간 행동의 동력을 자기정체성에서 찾곤 하는데 이 이론에 비추어 보면 한국인들은 대부분 스무 살 무렵에 정체된 인간이라고 볼 수 있다.

우리사회에서는 학창시절 무난히 학교공부를 따라가서 의대나 법대를 진학한 사람들은 스페셜리스트가 되고, 그렇지 못한 사람들은 이도저도 아닌 삶을 살아가게 된다는 패배의식이 상당히 짙게 깔려 있다. 그리고 이러한 의식을 깨는 데 많은 노력이 필요한 상황이다.

그러니 다행스럽게도 한국사회의 가장 큰 성공신화였던 정주영의 삶을 통해서 학벌이나 나이의 문제가 한 개인의 성장을 제한할 수 없다는 것이 입증된 바 있다. 그는 자신의 자격보다는 끊임없이 자기를 변화시키는 능력이 생존전쟁에서 살아남을 수 있는 길이라고 몸소 보여주었다.

제너럴리스트는 끊임없는 변화의 요구에 평생학습과 부단한 자기계발의 열정으로 대응한 사람들이다. 스스로의 정체성에 얽매임 없이 유연한 사고를 가지고, 겁 없이 세상의 요구에 응하는 제너럴리스트의 출현은 어느 사회, 어느 시대에나 모두가 간절히 원하는 것이다.

이제 리더를 맞을 준비를 하라

리더가 되는 최고의 자질은 무엇인가?

어니스트 섀클턴이라는 실패한 탐험가가 있다. 그는 27명의 대원을 데리고 남극으로 향했다. 그러나 빙붕에 갇히는 바람에 그의 탐험은 실패로 돌아갔다. 결과만 놓고 보면 그는 실패한 낙오자처럼 보인다. 그러나 그는 역사상 가장 강한 리더로 평가받는 사람들 중의 한 명이다.

그가 대원들과 함께 탑승했던 인듀어런스호가 남극의 빙붕 속에 갇혀 조난되었을 때의 후일담은 비교적 비슷한 시기에 있었던 타이타닉호의 재앙과는 정반대의 결과로 마무리 되었다.

무려 삼 년에 걸친 생존을 위한 사투를 거쳐 새클턴은 함께 출발했던 27명의 대원들 전원을 무사귀환시키는 리더십을 보여주었던 것이다. 그런데 대원들과 함께할 때 그가 보여주었던 모습은 우리가 상상하는 카리스마적 리더의 모습와는 거리가 멀었다고 한다.

그는 엄격한 위계질서가 존재하는 뱃사람들 가운데서 가장 낮은 자리를 차지하였다. 가장 적은 양의 음식을 먹었고, 가장 형편없는 슬리핑백을 잠자리로 썼다. 그의 대원들은 자신들과 함께 했던 역사상 최강의 리더에 대해 이렇게 기록하고 있었다.

"부하들에 대한 그의 살뜰한 보살핌은 너무도 자상해서 마음이 거친 사람들에게는 때로 여자의 손길로 쓰다듬어주는 것 같았고, 심지어는 성가시게 느껴질 정도였죠."

새클턴의 사례에서 알 수 있듯이 진정으로 위대한 리더의 모습은 그렇게 군림하고 지배하는 모습이 아니다. 2,000년 전 메시아를 기대하던 이스라엘 백성에게 홀연히 나타났던 예언자가 이스라엘인들의 발을 씻어 주던 것처럼 그는 부하들과 함께하고 그들의 몸과 마음을 어루만져 주었다.

선비가 부족한 나라 대한민국?

우리나라의 리더들은 어떠한가?

대한민국의 역사에는 카리스마적 리더는 많았어도 국난의 상황에서 진정으로 백성들과 고난을 함께한 리더는 많지 않았다. 그들은 전제군주나 마피아 보스와 같은 저급한 리더십을 보여주었다.

따라서 카리스마적 리더에 대한 그릇된 이미지에서 벗어나는 것이야말로 한국 사회에서 위대한 리더를 탄생시킬 수 있는 첫걸음이 될 것이다.

우리가 경험했던 위대한 리더 히딩크를 다시 떠올려보자. 그가 한국사회의 등불처럼 떠올랐던 2002년은 새로운 정치적 리더십이 요구되던 해였다. 그때 히딩크는 한국인들에게 새로운 리더의 이미지를 제시했다. 월드컵 4강 진출이라는, 불가능할 것 같았던 목표를 달성한 그에게 감동한 이들은 히딩크를 국민영웅으로 추대했다.

하지만 조금만 기억을 더듬어보면 우리가 그 위대한 리더를 어떻게 평가해 왔는지 떠올릴 수 있을 것이다. 히딩크가 몇 번의 평가전에서 참패를 당하자 여론은 그를 '오대영(5 : 0) 감독' 이라고 몰아 세웠다. 한국 언론이 그에 대해서 가장 빈번히 문제 삼았던 것은 그의 여자문제였다. 게다가 골프를 귀족스포츠로 인식하는 한국적 정서를 역시 그에게 반영, 그의 취미생활조차도 시비 거리로 삼았다.

어니스트 새클턴 이야기를 다시 해보자. 나는 새클턴이 사생활에서도 100% 완벽한 사람이었는지는 알 수 없다. 어쩌면 그는 젊은 시절 이 여자, 저 여자의 뒤꽁무니를 쫓아다니던 바람둥이였을지도 모르고 학창시절 컨닝을 하던 부정직한 학생이었을 수도 있으며, 한때는 술독에 빠져 지내던 전형적인 아일랜드인이었을지도 모른다. 그러나 설령 그가 이 모든, 혹은 이보다 더한 결함을 가진 인물이었을지라도 그가 보여준 탐험대장으로서의 리더십은 손상되지 않는다.

우리는 리더에게 전통적인 청렴한 선비의 이미지를 기대하고 있다. 과연 우리나라에 선비가 없어서 나라의 흥망이 엎치락뒤치락하는 지경이 되었던가? 호치민은 정약용의 『목민심서』를 평생 애독하며 베트남 국민들에게 가장 존경받는 인물이 되었다. 그러나 그처럼 탁월한 관리자의 교본을 배출한 나라임에도 우리의 역사에서 유능한 리더를 찾아보기가 어려운 까닭은 무엇일까?

한 사람의 리더에게 그 직분에 맞는 본질적인 능력보다도 부수적인 자질로 사람을 평가하려는 태도 또한 이 사회에서 위대한 리더의 탄생을 가로막는 중요한 장벽이 될 것이다.

킬러는 킬러를 맞이할 준비가 된 사회에서만 태어날 수 있다. 그리고 이것은 리더의 경우에 있어서도 마찬가지다.

우리는 과연 훌륭한 리더를 맞이할 준비가 되어있는가? 이것은 리더의 역할이 갈수록 더 중요성을 발하는 시기에 우리가 스스로에게 던져야 할 중요한 질문이 될 것이다.

인생의 성공을 결정짓는 킬러본능

초판인쇄 | 2005년 6월 30일
초판발행 | 2005년 7월 10일

지은이 | 정해윤
펴낸이 | 심만수
펴낸곳 | (주)살림출판사
출판등록 | 1989년 11월 1일 제9-210호

주소 | 110-847 서울시 종로구 평창동 358-1
전화 | 02)379-4925~6
팩스 | 02)379-4724
e-mail | salleem@chollian.net
홈페이지 | http://www.sallimbooks.com

ⓒ (주)살림출판사, 2005
ISBN 89-522-0396-8 13320

* 잘못된 책은 구입하신 서점에서 바꾸어 드립니다.
* 저자와의 협의에 의해 인지를 생략합니다.

값 9,800원